目　次

本書の特色

本書は，日本商工会議所・各地商工会議所主催による簿記検定試験を受験するみなさんが，検定試験の形式と傾向を的確にとらえ，受験に備えられるように編集いたしました。

1. はじめに，本書掲載の**模擬試験問題の内容一覧**を取り上げました。
2. 模擬試験問題の前に，検定試験で出題される3問の問題ごとに，頻出かつ必修の**「出題形式別重要問題」**を掲載いたしました。
3. 最近の出題傾向をとらえた**模擬試験問題を10回分**掲載いたしました。
4. 答案用紙は別紙（切り取り式）とし，後ろにまとめました。また，本書の関連データとともにダウンロードしてご利用頂けます。https://www.jikkyo.co.jp/より本書を検索してご利用ください。
5. 解答は別冊とし，すべての問題に，わかりやすい**「解説」**を入れました。
6. ○○商店は，前提として小規模の株式会社として扱っています。

■模擬試験問題の内容一覧

	第 1 問	第 2 問	第 3 問
第1回	1.仕入（小切手振出し，残額掛け） 2.携帯電話料金の引落し（普通預金口座） 3.備品の購入 4.買掛金と手付金の支払い 5.現金過不足の原因発見 6.現金過不足の発生（現金不足） 7.売上（クレジット払い） 8.売上（掛け，発送運賃支払い，消費税の記帳） 9.仕入（掛け，引取運賃支払い） 10.社会保険料の納付（従業員負担分，会社負担分） 11.電子記録債権の支払期日到来による入金通知 12.貸付金の回収（元金と利息を小切手で回収） 13.備品の売却（期首） 14.株式の発行（株式会社の設立） 15.売上原価の損益勘定への振替 ►P.19	問1　損益勘定，資本金勘定，繰越利益剰余金勘定の勘定科目と金額の記入 問2　会計処理に関する語群選択	精算表の空欄完成（未処理事項あり）
第2回	1.仕入（手付金相殺，残額小切手振出し） 2.車両の売却 3.店舗の賃借（家賃，手数料，敷金の支払い） 4.旅費の領収書の受取り 5.売上（クレジット払い） 6.電子記録債権の決済（当座預金口座へ振込み） 7.現金過不足の原因判明（決算日） 8.売上（当店振出し小切手の受取り） 9.当座預金口座への現金預入れ 10.仕入（小切手・掛け） 11.借入金の返済（元利合計を小切手で支払い） 12.店舗の改築と修繕（資本的支出・収益的支出） 13.当期純損失の計上 14.消費税の確定申告 15.事務用消耗品の購入（納品書，代金未払，消費税の記帳） ►P.23	問1　取引から各伝票に記入 問2　保険料勘定と前払保険料勘定の勘定科目と金額の記入	精算表の完成* （12項目）
第3回	1.仕入（内金相殺・残額月末払い，引取運賃支払い） 2.売上（小切手受取り・残額掛け，発送運賃支払い） 3.備品と消耗品の購入 4.中間申告で法人税の納付 5.売上返品 6.現金過不足の発生（現金過剰） 7.仕入（小切手振出し） 8.中古車の購入（中古車販売業，代金月末支払い） 9.仮受金の計上 10.電子記録債務の決済通知 11.電子記録債権の発生記録 12.役員からの現金借入れ 13.繰越利益剰余金の処分 14.前期に発生した売掛金の貸倒れ（売掛金＜貸倒引当金） 15.売上（入金伝票から振替伝票の仕訳を推定） ►P.27	問1　取引から備品勘定と備品減価償却累計額勘定の勘定科目と金額の記入 問2　補助簿の選択，取引から振替伝票に記入，減価償却費の月割計算	貸借対照表・損益計算書の完成 （9項目）
第4回	1.小口現金の補給 2.未収利息の再振替え 3.貸倒れの発生 4.所得税の源泉徴収額の納付 5.仕入（当座借越限度額） 6.売掛金の回収（小切手受取り，ただちに当座預金に入金） 7.買掛金支払い（小切手，現金） 8.電子記録債務の発生記録 9.現金過不足の原因判明 10.借入金の返済期日到来（当座預金口座より引落し） 11.貸付金（利息を差し引き普通預金口座から振り込む） 12.配当金の支払い 13.法人税等の中間申告 14.給料の支払い（源泉徴収額，社会保険料，普通預金口座） 15.売上の計上（売上集計表，クレジットカード売上，現金売上） ►P.31	問1　売上原価勘定による決算仕訳 問2　貯蔵品勘定へ振替仕訳，現金の実査と原因調査	貸借対照表・損益計算書の完成 （8項目）
第5回	1.現金過不足の原因一部判明 2.仮受金の精算 3.売上（小切手受取り・残額月末払い，発送運賃支払い） 4.社会保険料の従業員負担分と会社負担分の支払い 5.利益処分（配当金と準備金の積立て） 6.定期預金の元利合計を普通預金に預け入れ 7.普通預金から普通預金への振替（ATM利用） 8.貸付金の回収（利息は月割計算） 9.建物の賃借契約（家賃・敷金の振込み） 10.法人税，住民税及び事業税の計上（中間納付額有り） 11.固定資産税の納付（未払金を計上しない方法） 12.当期に発生した売掛金の貸倒れ 13.現金過不足の発生（決算日） 14.仕入（出金伝票から振替伝票の仕訳を推定） 15.売上（納品書，掛け，消費税の記帳） ►P.35	問1　証ひょう（納品書兼請求書と当座勘定照合表）から仕訳 問2　受取家賃勘定と前受家賃勘定の勘定科目と金額の記入	貸借対照表・損益計算書の完成 （10項目）

	第　1　問	第　2　問	第　3　問
第 6 回	1.買掛金の一部を内金の支払いに訂正 2.他店発行の商品券の受取り 3.借入れ（利息は月割計算） 4.販売用家具の仕入 5.仕入（手付金相殺） 6.仕入（前払金，小切手振出し） 7.当座借越勘定から当座預金勘定への再振替（期首） 8.掛け代金の支払い（普通預金） 9.電子記録債務の支払い（普通預金） 10.売掛金（前期に発生）の貸倒れ（売掛金＞貸倒引当金） 11.売上（小切手） 12.仮受金の内容が判明（売掛金の回収） 13.現金過不足の原因が不明（決算日） 14.仮払金の内容が判明（領収書，旅費交通費） 15.備品の購入（領収書，仮払金，消費税の記帳）　►P.39	**問1　固定資産台帳から備品勘定と備品減価償却累計額勘定の金額の記入** **問2　会計処理に関する語群選択**	**精算表の完成*** （8項目）
第 7 回	1.売掛金の回収として，当店振出しの小切手と他店振出しの小切手の受取り 2.損益勘定より繰越利益剰余金勘定に振替え 3.売上（手付金相殺・残額月末受取り，発送運賃支払い） 4.給料の支払い 5.売上（商品券と小切手の受取り，残額掛） 6.小口現金の補給（小口現金勘定は使わない，小切手振出し） 7.仕入（前払金，買掛金） 8.売上（前受金，売掛金，発送運賃支払い） 9.貸付（利息を差し引いた金額を振込み，利息は日割計算） 10.整地費用の処理 11.収入印紙，郵便切手の購入 12.売上の計上（請求書） 13.売上（小切手，消費税の記帳） 14.仮払金の精算（領収書，旅費交通費等報告書，現金受取り） 15.法人税の納付（領収証書，中間申告，普通預金口座）　►P.43	**問1　取引から当座預金出納帳の記入と買掛金明細表の完成，売掛金勘定月末残高の算定** **問2　支払手数料勘定と前払手数料勘定の勘定科目と金額の記入**	**精算表の完成*** （12項目）
第 8 回	1.売上（手付金相殺・残額月末受取り・送料支払い） 2.買掛代金として小切手の振出し 3.土地の購入 4.貸付け（利息は月割計算） 5.仮払金の精算 6.建物の賃借契約の解除（敷金の返却，修繕費） 7.建物・土地の購入（仮払金，小切手） 8.旅費交通費の概算払い 9.売上戻り（商品の返品） 10.ICカードによる旅費交通費の支払い 11.所得税の源泉徴収額の納付 12.旅費の精算（領収書，未払金） 13.売上（商品券，現金） 14.確定申告を行い法人税を納付（領収証書） 15.確定申告を行い消費税を納付（領収済通知書）　►P.49	**問1　取引から仮払法人税等，未払法人税等，法人税等，損益の勘定科目と金額の記入** **問2　商品有高帳（移動平均法）**	**決算整理後残高試算表** （9項目）
第 9 回	1.売掛金の回収（小切手） 2.仕入（分記法，小切手） 3.買掛金の支払い（普通預金） 4.売上（クレジット払い，支払手数料） 5.電子記録債務の発生記録 6.借入金（利息を差し引いた残額が当座預金，利息は日割計算） 7.従業員立替金 8.仕入（前払金，売掛金，引取運賃支払い） 9.パソコンの購入（代金来月末支払い） 10.売上（受取商品券，現金） 11.当期純利益の計上 12.確定申告（未払法人税等の納付） 13.売上（売掛金，消費税の記帳） 14.貸倒処理した売掛金の回収 15.売上（入金伝票から振替伝票の仕訳を推定）　►P.53	**問1　取引から損益勘定，繰越利益勘定，仮払法人税勘定の勘定科目と金額の記入** **問2　買掛金勘定と人名勘定の勘定科目と金額の記入**	**貸借対照表・損益計算書の完成** （8項目）
第 10 回	1.現金過不足の原因判明 2.現金引出し（普通預金） 3.売上（掛け，発送運賃支払い） 4.電子記録債務の決済（当座預金） 5.現金借入れ（役員，借用証書） 6.貸付金の回収（元利合計，利息は月割計算） 7.社会保険料の納付（従業員負担分，会社負担分） 8.建物の賃借契約（敷金，手数料，家賃の支払い，普通預金） 9.仮受金の精算（売掛金の回収） 10.建物の改修と修繕（資本的支出・収益的支出） 11.法人税等の中間申告 12.再振替仕訳（収入印紙，郵便切手，貯蔵品） 13.売掛金（当期発生）の貸倒れ 14.売上（売上集計表，クレジット払い，消費税の記帳） 15.仕入（出金伝票から振替伝票の仕訳を推定）　►P.57	**問1　資料から備品勘定，備品減価償却累計額勘定，固定資産売却損勘定の勘定科目と金額の記入** **問2　支払利息勘定と未払利息勘定の勘定科目と金額の記入**	**貸借対照表・損益計算書の完成** （11項目）

＊期末整理事項にもとづいて精算表を完成する問題である。

仕訳▶現金預金

Point 次の事柄について整理しておく。通貨以外に現金勘定で処理するもの，現金の実際有高に過不足が発見されたとき，過不足の原因が判明したときの処理，当座預金の残高をこえて小切手を振り出したときの処理，決算整理で当座借越額を負債へ振り替える処理。

問題1 次の各取引について仕訳しなさい。

(1) A商店に商品￥50,000を売り上げ，代金のうち￥30,000を送金小切手で受け取り，残額は現金で受け取った。

(2) 月末に現金の実査を行ったところ，現金の実際有高が帳簿残高より￥12,000過剰であることが判明したため，帳簿残高と実際有高とを一致させる処理を行うとともに，引き続き原因を調査することとした。なお，当店では，現金過不足の雑益または雑損勘定への振り替えは決算時に行うこととしている。

(3) 現金の実際有高が帳簿残高より￥32,000不足していたので，現金過不足勘定で処理していたが，原因を調査したところ，発送運賃の支払額￥18,000，旅費交通費の支払額￥15,000および手数料の受取額￥9,000が記入もれであった。なお，残額は原因不明のため雑損として処理することにした。

(4) X銀行とY信用金庫に普通預金口座を開設し，X銀行に現金￥200,000とY信用金庫に現金￥100,000を預け入れた。ただし，管理のために口座ごとに勘定を設定することとした。

(5) 取引先から商品￥200,000を仕入れ，代金は小切手を振り出して支払った。なお，当座預金の預金残高は￥150,000であったが，借越限度額￥100,000の当座借越契約を結んでいる。

(6) 決算にあたり，Z銀行の当座預金口座が当座借越￥100,000の状態となっているので，適切な勘定に振り替える。ただし，当社は複数の金融機関を利用しており，他の銀行にも当座預金口座を開設しているため，口座ごとに勘定を設定している。なお，当社は当座借越勘定を用いていない。

解法の手引 (1) 送金小切手や他人振出しの小切手・郵便為替証書・配当金領収証・期日が到来した社債の利札などを受け取ったときは，現金勘定の借方に記入する。

(2) 現金の過剰が発見されたときは，現金勘定を過剰額だけ増加させ，現金過不足勘定の貸方に記入する。

(3) 現金不足の原因が判明したときは，該当する勘定に振り替える。原因不明な残額は何勘定に振り替えるか。

(4) 複数の金融機関で口座を開設した場合，管理のために口座ごとに勘定を設定することがある。

(5) 当座預金の残高をこえて小切手を振り出したときの処理はどうするか。

(6) 決算整理で当座借越額を負債へ振り替えるときの処理はどうするか。

	仕訳			
	借方科目	金額	貸方科目	金額
(1)				
(2)				
(3)				
(4)				
(5)				
(6)				

第1問　出題形式別重要問題　　商業簿記

仕訳▶商品・内金（手付金）・クレジット売掛金・電子記録債権・電子記録債務・手形

Point　①商品売買には，あらかじめ受け払いしていた内金（手付金）を代金に充当する取引が多いので注意。商品を仕入れたときの引取費の処理，返品の処理，商品を売り上げたときの発送費の処理に注意。
②クレジット払いの条件で販売したときの処理，電子記録債権と電子記録債務の発生の処理。
③手形を用いて金銭の貸借を行った場合の勘定処理と利息の計算方法を理解しておく。

問題2　次の各取引について仕訳しなさい。

(1)　A商店から，かねて注文しておいた商品¥500,000を引き取り，注文時に支払った手付金¥100,000を差し引き，差額を同店あての約束手形を振り出して支払った。なお，そのさい，引取運賃¥30,000を現金で支払った。
(2)　B商店から仕入れた商品のうち不良品があったので返品した。この金額¥60,000は同店に対する買掛金から相殺した。
(3)　C商店へ商品¥300,000を売り上げ，代金のうち半額は約束手形で受け取り，残りは月末に受け取ることにした。なお，そのさい，発送運賃（当店負担）¥10,000を小切手を振り出して支払った。
(4)　D商店へ商品¥200,000をクレジット払いの条件で販売した。なお，信販会社へのクレジット手数料（販売代金の2％）を販売時に認識する。
(5)　E商店はF商店に対する売掛金¥100,000について発生記録の請求を行い，F社の承諾を得て電子記録に係る債権が発生した。E商店とF商店の仕訳をしなさい。
(6)　取引先K商店から，貸付期間10か月，年利率5％の条件で¥480,000の貸付けを依頼されたため，同額の約束手形を受け取るとともに，利息分を差し引いて残額を現金で渡した。

解法の手引　(1)　注文時に支払った手付金は前払金勘定の借方に記入してあることに注意。引取運賃の処理に注意する。
(2)　値引きや返品は仕入勘定を減少させるとともに，買掛金勘定を減少させる。
(3)　手形を受け取ったときは，手形債権が増加するので受取手形勘定の借方に記入する。「残りは月末に受け取ることにした」という表現にまどわされない。商品代金であることに注意。
(4)　商品をクレジット払いの条件で販売したときの処理はどうするか。
(5)　発生記録の請求を行ったときの債権者と債務者の処理はどうするか。
(6)　手形を受け取って貸付けを行ったときに記入する勘定に注意。利息……貸付額×年利率×$\frac{\text{貸付月数}}{\text{12か月}}$

	仕	訳		
	借方科目	金額	貸方科目	金額
(1)				
(2)				
(3)				
(4)				
(5) E商店				
(5) F商店				
(6)				

仕訳▶その他の債権・債務，固定資産

Point　①次の事柄を記入する勘定について理解しておく。固定資産を売買して，代金を後日，受払いするとき，勘定科目や金額が明確でない支出や収入，固定資産を購入したときの付帯費用（引取運賃・支払手数料・登記料・整地費用など）。
②貸付金や借入金についての利息の計算について理解する。
③他者が発行している商品券を受け取ったときの処理。
④固定資産を売却したときの処理に注意する。減価償却累計額の金額を求める出題もある。月割計算にも注意。

問題3　次の各取引について仕訳しなさい。

(1)　販売活動強化のために自動車を購入し，代金￥1,500,000のうち￥500,000は小切手を振り出して支払い，差額は毎月末に￥100,000ずつ月賦で支払うことにした。なお，手数料￥70,000を現金で支払った。
(2)　得意先A商店に対して期間７か月，年利率4.8％で￥500,000を貸し付けていたが，本日満期日のため利息とともに同店振出しの小切手で返済を受け，ただちに当座預金に預け入れた。
(3)　従業員が出張から戻ったので，旅費の精算を行い，残金￥15,000を現金で受け取り，ただちに当座預金に預け入れた。なお，従業員に対しては，出張にあたり，旅費の概算額￥90,000を手渡していた。
(4)　出張中の従業員から当座預金口座に振り込まれ，仮受金として処理していた￥49,000は，得意先愛知商店から注文を受けたさいに受領した手付金￥15,000と，得意先三重商店から回収した売掛代金￥34,000であることが判明した。
(5)　商品￥120,000を売り上げ，代金として同額の自治体発行の商品券を受け取った。
(6)　かねて売上代金として受け取った自治体発行の商品券￥400,000を引き渡して換金請求を行い，ただちに同額が普通預金口座へ振り込まれた。
(7)　営業用の建物￥800,000を購入し，小切手を振り出して支払った。なお，不動産業者への手数料￥30,000と登記料￥10,000は現金で支払った。
(8)　○3年４月１日に，不用となった陳列棚（購入日：○1年４月１日，取得原価￥300,000，減価償却方法：定額法，耐用年数：５年，残存価額：取得原価の10％，記帳方法：間接法，決算日：３月31日）を￥80,000で売却し，代金は月末に受け取ることにした。

解法の手引　(1)　自動車を処理する勘定，月賦払いの金額を処理する勘定は何かに注意。
(2)　貸付金に対する利息を処理する勘定は，支払利息か受取利息か。利息の金額……貸付額×年利率×$\frac{貸付月数}{12か月}$
(3)　従業員の出張にさいして旅費の概算額￥90,000を仮払いしたとき，何勘定に記入したか。それの精算の問題である。
(4)　仮受金はどうするのか。手付金は何勘定で処理するか。
(5)　他者が発行している商品券を受け取ったときは何勘定で処理するか。
(6)　換金請求とは商品券を現金に換えるよう要求することを意味している。
(7)　不動産業者への手数料と登記料は何勘定で処理するかに注意。
(8)　減価償却累計額を計算する。購入してから売却するまでに，決算を何回行ったかを考える。
　減価償却累計額……$\frac{取得原価－残存価額}{耐用年数}$×決算回数

	仕		訳	
	借方科目	金額	貸方科目	金額
(1)				
(2)				
(3)				
(4)				
(5)				

	仕		訳	
	借 方 科 目	金 額	貸 方 科 目	金 額
(6)				
(7)				
(8)				

仕訳▶資本・税金・その他，訂正の仕訳

Point ①設立や増資のさいに株を発行したときは何勘定で処理するのか。
②利益の処分が決議されたときの処理はどうなるか。
③貸倒れの発生について，貸倒引当金の残高との関連について理解する。
④訂正仕訳は，誤った内容を確認することから手をつける。第 2 問で出題されることが多い。

問題4 次の各取引について仕訳しなさい。

(1) 静岡株式会社の設立にあたり，1株¥25,000で株式を50株発行し，出資者より現金で受け取った。発行価額の全額を資本金とする。
(2) 株主総会で繰越利益剰余金¥750,000を次のとおり処分することが承認された。
　　株主配当金　¥100,000　　利益準備金の積立て　¥10,000
(3) 従業員の給料総額¥2,500,000の支給にさいして，所得税の源泉徴収分¥302,000と従業員への立替分¥150,000を差し引き，手取金を現金で支給した。
(4) 所得税の源泉徴収額¥25,000を税務署に現金で納付した。
(5) B商店が倒産し，同店に対する前期販売分の売掛金¥70,000を貸倒れとして処理した。なお，貸倒引当金勘定の残高は¥55,000であった。
(6) 現金過不足勘定で処理しておいた現金不足分¥3,000のうち，一部は通信費¥4,200を¥2,400と誤記入していたために発生したことが判明した。
(7) 商品¥56,000を掛けで売り渡した取引を，借方，貸方とも誤って¥65,000と記入されていたので，正しい金額に訂正をした。

解法の手引 (1) 株を発行したときの処理をおさえておく。
(2) 繰越利益剰余金勘定は貸方残高である。配当金は何勘定となるか。
(3)，(4) 源泉徴収分は一時的に預かっておき，後日，税務署に一括して納付するものである。従業員への立替分を差し引くとは，立替分の返済を受けたことを意味する。
(5) 貸倒引当金勘定残高をこえて貸倒れが発生したとき，その差額を処理する勘定に注意。
(6) 通信費を¥1,800 少なく計上していたことになるので，その計上を行う。残りの不明額については指示がないので，仕訳しない。
(7) 誤った仕訳を訂正する処理に注意。

	仕		訳	
	借 方 科 目	金 額	貸 方 科 目	金 額
(1)				
(2)				
(3)				
(4)				
(5)				
(6)				
(7)				

補助簿および勘定記入▶記帳する補助簿の推定

Point　補助簿は取引や勘定の明細を記入する帳簿であるから，勘定と補助簿との関係を理解しておく。

問題5　大阪商店は，記帳にあたって次の８種類の補助簿を用いている。

①現金出納帳　②仕入帳　③売上帳　④商品有高帳　⑤売掛金元帳　⑥買掛金元帳　⑦受取手形記入帳　⑧支払手形記入帳

下記の取引はどの補助簿に記入されるか，(　　)の中に記入するすべての補助簿の番号を記入しなさい。

(ア)　広島商店より商品￥200,000を仕入れ，代金のうち￥150,000は約束手形を振り出して支払い，残額は掛けとした。(　　　　)

(イ)　神戸商店に対する買掛金￥300,000の支払いのため，約束手形を振り出して支払った。(　　　　)

(ウ)　岡山商店に商品￥250,000を売り上げ，代金のうち￥150,000は先方振出しの約束手形で受け取り，残額は小切手で受け取った。(　　　　)

(エ)　山口商店に対する売掛金￥60,000を小切手で回収した。(　　　　)

解法の手引　仕訳をして，生じた勘定に関してどの補助簿に記入するかを検討する。仕入勘定・売上勘定については，仕入帳・売上帳だけでなく，商品有高帳にも記入することに注意する。

補助簿および勘定記入▶記帳する補助簿の選択

Point　取引より，勘定科目と補助簿との関連を理解する。

問題6　関東株式会社の×1年９月の取引（一部）は次のとおりである。それぞれの日付の取引が答案用紙に示されたどの補助簿に記入されるか答えなさい。解答にあたっては，該当するすべての補助簿の欄に○印を付すこと。

5日　千葉商店より商品を￥250,000で仕入れ，代金のうち半額は約束手形を振り出し，残額は掛けとした。

12日　先月に埼玉商店より建物￥2,500,000と土地￥3,000,000を購入する契約をしていたが，本日その引き渡しを受けた。この引き渡しにともない，購入代金のうち￥550,000は契約時に仮払金勘定で処理していた手付金を充当し，残額は当座預金口座から振り込んだ。

19日　かねて神奈川商店へ売り上げていた商品￥200,000について不良品が見つかったため返品を受け，掛代金から差し引くこととした。

26日　群馬商店から先月受け取った約束手形￥225,000の支払期日が到来し，同額が当社の普通預金口座へ振り込まれた。

30日　仕入先山梨商店に対する先月分の掛代金￥165,000について，小切手を振り出して支払った。

帳簿／日付	当座預金出納帳	商品有高帳	売掛金元帳	買掛金元帳	受取手形記入帳	支払手形記入帳	仕入帳	売上帳	固定資産台帳
5日									
12日									
19日									
26日									
30日									

補助簿および勘定記入▶商品有高帳

Point　①商品有高帳の記入法，とくに先入先出法と移動平均法の区別を明確にしておく。仕入戻し，売上戻りの記入法に注意する。
②売上高・売上原価・売上総利益の求め方を理解する。売上高は商品有高帳の記録からは求めることはできない。

問題7　次の仕入帳と売上帳の記録にもとづいて，(1)移動平均法により商品有高帳に記入し，(2)移動平均法と先入先出法にもとづいた場合の11月中の売上総利益をそれぞれ計算しなさい。ただし，仕入戻しについては，払出欄に返品した商品の仕入単価で記入することとする。なお，商品有高帳の締切りを行う必要はない。

仕入帳

○年		摘要		金額
11	12	京都商店	掛け	
		ファイルA 80冊	@￥2,200	176,000
	16	**京都商店**	**掛返品**	
		ファイルA 20冊	**@￥2,200**	**44,000**
	24	大阪商店	掛け	
		ファイルA 90冊	@￥2,300	207,000

売上帳

○年		摘要		金額
11	18	埼玉商店	掛け	
		ファイルA 70冊	@￥3,100	217,000
	30	千葉商店	掛け	
		ファイルA 60冊	@￥3,300	198,000

解法の手引 (1) 移動平均法では単価の異なる商品を仕入れたとき，平均単価を求めこれを残高欄の単価とする。平均単価は次のように計算する。

※(残高欄の金額＋受入欄の金額)÷(残高欄の数量＋受入欄の数量)＝平均単価

売り上げたとき，売価で払出欄に記入する誤りが多いので注意する。

(2) 売上原価の計算は，商品有高帳の払出欄の金額を合計して求めることができる。ただし，返品高は合計しない。

商品有高帳

(移動平均法) ファイルA

○年		摘要	受入 数量	受入 単価	受入 金額	払出 数量	払出 単価	払出 金額	残高 数量	残高 単価	残高 金額
11	1	前月繰越	20	2,000	40,000				20	2,000	40,000

売上総利益の計算(移動平均法)

売上高 (　　　)
売上原価 (　　　)
売上総利益 (　　　)

売上総利益の計算(先入先出法)

売上高 (　　　)
売上原価 (　　　)
売上総利益 (　　　)

補助簿および勘定記入▶受取手形記入帳・支払手形記入帳

Point ①受取手形記入帳・支払手形記入帳の記入法を理解する。また，受取手形勘定の記入と受取手形記入帳の記入法との関連，および支払手形勘定の記入と支払手形記入帳の記入法との関連を明確にする。

②受取手形記入帳・支払手形記入帳の記入面からの仕訳のしかたについて整理しておく。

問題8 次の受取手形記入帳と支払手形記入帳の記録にもとづき，下の仕訳を完成しなさい。なお，手形の決済は当座預金口座で行っている。

受取手形記入帳

○年		手形種類	手形番号	摘要	支払人	振出人	振出日 月	振出日 日	満期日 月	満期日 日	支払場所	手形金額	てん末 月	てん末 日	てん末 摘要
7	7	約手	14	売上	京都商店	京都商店	7	7	8	11	S銀行	200,000	8	11	入金

支払手形記入帳

○年		手形種類	手形番号	摘要	受取人	振出人	振出日 月	振出日 日	支払日 月	支払日 日	支払場所	手形金額	てん末 月	てん末 日	てん末 摘要
11	11	約手	22	買掛金	大阪商店	当店	11	11	12	15	T銀行	400,000	12	15	決済

解法の手引　受取手形記入帳の７月７日の記録は手形債権の発生を意味し，８月11日のてん末欄の記録は手形債権の減少を意味する。支払手形記入帳の11月11日の記録は手形債務の発生を意味し，12月15日のてん末欄の記録は手形債務の減少を意味する。

日付	仕		訳	
	借　方　科　目	金　額	貸　方　科　目	金　額
7/7				
8/11				
11/11				
12/15				

補助簿および勘定記入▶売掛金元帳・買掛金元帳

Point　①売掛金元帳（得意先元帳）は売掛金勘定の明細を記入する補助元帳であり，買掛金元帳（仕入先元帳）は買掛金勘定の明細を記入する補助元帳であることに注意する。
②「借または貸」欄には，残高が借方にあるときは「借」，貸方にあるときは「貸」と記入する。

問題9　関東商店（年１回３月末決算）の次の取引を売掛金元帳（東北商店）に記入し，月末に締め切りなさい。

10/ 1　売掛金の前月繰越高は￥300,000（関西商店￥200,000，東北商店￥100,000）である。
7　東北商店に商品￥70,000を掛けで販売した。
13　上記商品の一部が品質不良のため￥7,000返品された。
17　関西商店に￥40,000，東北商店に￥30,000の商品を掛けで販売した。
26　東北商店から売掛代金のうち￥135,000を小切手で回収した。

売　掛　金　元　帳

東　北　商　店

○年		摘　要	借　方	貸　方	借または貸	残　高
10	1	前月繰越				100,000
	7	売　上				
	13			7,000		
	17					
	26	入　金				
	31	次月繰越				
11	1					

解法の手引　(1)　記入する売掛金元帳は東北商店であることに注意。関西商店は関係ない。
(2)　売掛金元帳の記入原則は売掛金勘定の記入原則と同じであるから，仕訳したとき（借方）売掛金 となった場合は，該当する商店口座の借方に記入する。（貸方）売掛金 となった場合は，該当する商店口座の貸方に記入する。
(3)　10月１日の前月繰越高を借方に記入することに注意。締切り方を理解しておく。

補助簿および勘定記入▶小口現金出納帳・証ひょう

Point　①小口現金出納帳は支払欄に記入した金額を内訳欄にも記入することに注意。支出内容について処理する科目を整理しておく。資金の補給を週の初めに行うか，週末に行うかによって，締切り方が異なることに注意。
②Web通帳や当座勘定照合表は，預金の入金と出金の明細である。預金勘定の相手勘定を摘要欄や内容欄から推定することになる。

問題10　次の取引を小口現金出納帳に記入し，週末における締切りと小切手振出しによる資金の補給に関する記帳を行いなさい。なお，定額資金前渡制度（インプレスト・システム）により，小口現金係は毎週月曜日に前週の支払いの報告をし，資金補給を受けている。

7月 9日(月)	切手はがき代	￥6,600	7月12日(木)	地下鉄回数券代	￥3,800
10日(火)	文房具代	￥3,900	13日(金)	携帯電話通話料	￥4,000
11日(水)	接客用お茶代	￥4,800			

（類題第95回，第114回，第124回）

解法の手引　(1)　接客用お茶代，携帯電話通話料を処理する科目に注意。
(2)　次週繰越高や本日補給高をどのように求めるかに注意。

小口現金出納帳

受入	○年		摘要	支払	内訳			
					通信費	旅費交通費	消耗品費	雑費
5,500	7	9	前週繰越					
24,500		〃	本日補給					
			合計					
			次週繰越					
	7	16	前週繰越					
		〃	本日補給					

問題11 取引銀行のインターネットバンキングサービスから普通預金口座のWeb通帳（入出金明細）を参照したところ，次のとおりであった。そこで，各取引日において必要な仕訳を答えなさい。なお，株式会社千葉食品および埼玉ドラッグ株式会社はそれぞれ当社の商品の取引先であり，商品売買取引はすべて掛けとしている。

入出金明細

日付	内容	出金金額	入金金額	取引残高
10.17	ATM入金		62,500	省略
10.18	振込　カ）チバショクヒン	150,000		
10.19	振込　サイタマドラッグ（カ		222,250	
10.21	給与振込	471,000		
10.21	振込手数料	500		

10月19日の入金は，当店負担の振込手数料￥250が差し引かれたものである。
10月21日の給与振込額は，所得税の源泉徴収額￥40,000を差し引いた額である。

解法の手引 出金金額欄と入金金額欄の金額を普通預金勘定の借方と貸方のどちらに記入するのか。振込手数料は支払手数料勘定で処理する。

日付	仕訳			
	借方科目	金額	貸方科目	金額
10/17				
10/18				
10/19				
10/21				

伝票および訂正仕訳▶伝票

Point ①入金伝票・出金伝票・振替伝票の記入法を理解する。また，各伝票の記入面から仕訳する方法，元帳に転記する方法について理解する。
②仕入・売上の取引の記入には，いったん全額を掛取引として起票する方法と，現金取引と掛取引に分解して起票する方法がある。

問題12 次の各取引について，右記のように伝票を作成した場合，振替伝票の記入を示しなさい。

(ア) 商品¥500,000を販売し，代金のうち¥100,000を現金で受け取り，残額は掛けとした。

(イ) 商品¥900,000を仕入れ，代金のうち¥200,000は現金で支払い，残額は掛けとした。

(ア)

入金伝票	
売掛金	100,000

(イ)

出金伝票	
仕入	200,000

解法の手引 (ア)はいったん全額を掛取引として起票する場合。(イ)は一部現金取引と掛取引に分解して起票する場合。

(ア)

振替伝票			
借方科目	金額	貸方科目	金額

(イ)

振替伝票			
借方科目	金額	貸方科目	金額

問題13 次の(ア)および(イ)の2枚の伝票は，それぞれ，ある1つの取引について作成されたものである。これらの伝票から取引を推定して，その取引の仕訳を示しなさい。

(ア)

入金伝票	
売上	200,000

振替伝票			
借方科目	金額	貸方科目	金額
売掛金	500,000	売上	500,000

(イ)

出金伝票	
買掛金	100,000

振替伝票			
借方科目	金額	貸方科目	金額
仕入	300,000	買掛金	300,000

解法の手引 (1) 入金伝票・出金伝票から仕訳してみる。入金伝票は借方が「現金」と仕訳される入金取引を記入する伝票で，出金伝票は貸方が「現金」と仕訳される出金取引を記入する伝票である。
(2) (ア)も(イ)も一部現金，残額を掛けとした場合の処理方法2つのうちの1つの方法についての問題である。

	仕訳			
	借方科目	金額	貸方科目	金額
(ア)				
(イ)				

伝票および訂正仕訳▶訂正仕訳

Point　①訂正仕訳には，誤りの内容を訂正する場合と，誤った仕訳そのものを訂正する場合があるので注意。
②訂正仕訳の要領は，まず誤った仕訳の反対仕訳を行って白紙の状態に戻し，ここで正しい仕訳を行って整理する。

問題14　伊豆商店は定期的に帳簿を点検することにしており，次の２つの誤記を発見した。そこで，これらの誤りを訂正するための仕訳の勘定科目を答案用紙に示しなさい。なお，同店では商品売買取引に係る記帳は３分法を採用している。

(1)　相模商店から商品を￥65,000で仕入れ，代金は掛けとしていたが，誤って貸借逆に記帳していた。
(2)　先月分の水道光熱費￥26,000が同店の当座預金口座から引き落とされていたが，誤って二重に記帳していた。

解法の手引　(1)　誤って貸借逆に記帳した場合は，その反対の仕訳をして白紙とし，そのあと正しい仕訳をする。
(2)　誤って二重に記帳した場合も，貸借反対に仕訳して白紙に戻し，正しい仕訳をする。金額が示されているので，それらの仕訳を相殺して整理する。

取引	借　方　科　目	金　　額	貸　方　科　目	金　　額
(1)		130,000		130,000
(2)		26,000		26,000

問題15　次の取引の仕訳に誤りがあれば，その誤りの仕訳を訂正する仕訳を示しなさい。もし誤りがなければ，解答欄に○印をつけなさい。

(1)　銀行より￥500,000を借り入れ，同額の約束手形を振り出し，利息￥20,000を差し引かれた残額が当座預金口座に振り込まれた。

　(借) 当座預金　480,000　(貸) 支払手形　500,000
　　　支払利息　20,000

(2)　備品（取得原価￥240,000，減価償却累計額￥108,000）を￥145,000で売却し，売却代金のうち￥90,000は売却先が振り出した小切手で受け取り，残額は２か月後に受け取ることとした。

　(借) 現　　金　90,000　(貸) 備　　品　240,000
　　　備品減価償却累計額　108,000
　　　固定資産売却損　42,000

解法の手引　(1)　手形を振り出して借り入れたときに記入する勘定に注意。
(2)　残額（￥145,000－￥90,000＝￥55,000）は２か月後に受け取る約束であるから，未収入金勘定の借方に記入する。帳簿残高は￥240,000－￥108,000＝￥132,000であり，これを￥145,000で売却したのだから固定資産売却損は誤りとなる。

	仕		訳	
	借　方　科　目	金　　額	貸　方　科　目	金　　額
(1)				
(2)				

伝票および訂正仕訳▶証ひょう

Point 証ひょうとは取引の発生を裏づける証拠となるものである。領収書や振込明細書，預金通帳，納品書，請求書などがある。それぞれの証ひょうから仕訳する方法を理解する。

問題16 各証ひょうにもとづいて，株式会社神戸商事で必要な仕訳を示しなさい。なお，消費税については税抜方式で記帳する。

(1) 商品を仕入れ，品物とともに次の請求書を受け取り，代金は後日支払うこととした。

請　求　書

株式会社神戸商事　御中

岡山食品株式会社

品　物	数　量	単　価	金　額
C食品（10食入りケース）	5	2,000	¥10,000
R食品（20食入りケース）	10	1,500	¥15,000
	消費税		¥ 2,000
	合　計		¥27,000

2019年9月2日までに合計額を下記口座へお振込み下さい。

K銀行岡山支店　普通　0135790　オカヤマショクヒン（カ

(2) 商品を売り上げ，品物とともに次の請求書の原本を発送し，代金の全額を掛代金として処理した。

請　求　書(控)

広島商店　御中

株式会社神戸商事

品　物	数　量	単　価	金　額
D食材	20	200	¥ 4,000
S食材	40	150	¥ 6,000
	消費税		¥ 800
	合　計		¥10,800

2019年9月3日までに合計額を下記口座へお振込み下さい。

K銀行神戸支店　普通　0245680　カ）コウベショウジ

解法の手引 請求書は，商品を購入したことを意味し，消費税も支払うことになる。請求書(控)は，商品を販売したことを意味し，消費税は受け取ることになる。

	仕		訳	
	借方科目	金額	貸方科目	金額
(1)				
(2)				

伝票および訂正仕訳▶仕訳日計表

Point 各伝票の記入面から仕訳する方法，仕訳日計表に集計する方法について理解する。

問題17 川崎商店は，日々の取引を入金伝票，出金伝票および振替伝票の 3 種類の伝票に記入し，これを 1 日分ずつ集計して仕訳日計表を作成している。

同店の20×8年11月 1 日の取引について作成された次の各伝票（略式）にもとづいて，仕訳日計表を作成しなさい。

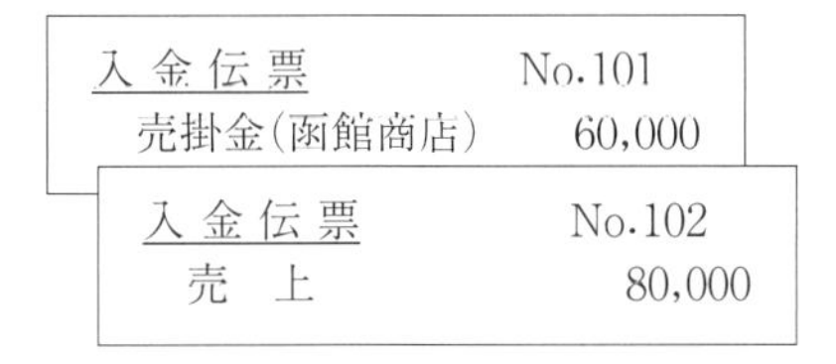

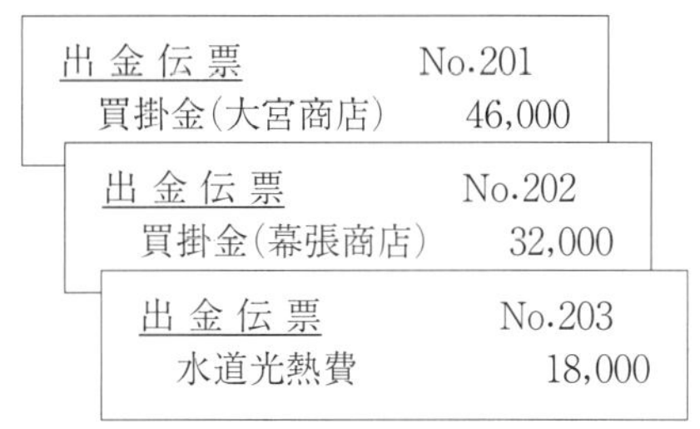

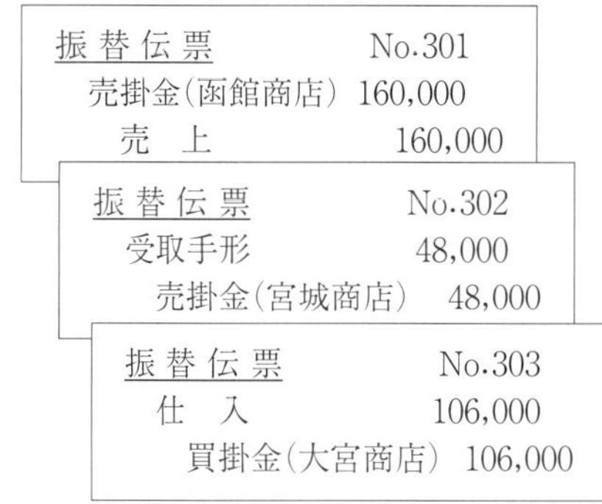

解法の手引 各伝票を仕訳してみる。入金伝票は借方が「現金」と仕訳され，出金伝票は貸方が「現金」と仕訳される。借方合計と貸方合計は必ず一致する。

仕 訳 日 計 表

20×8年11月 1 日

借 方	勘 定 科 目	貸 方
	現 金	
	受 取 手 形	
	売 掛 金	
	買 掛 金	
	売 上	
	仕 入	
	水 道 光 熱 費	

精算表▶空欄完成

Point　修正仕訳を正しく行うことが大切。完成問題でも同様である。科目の性質を理解し，資産・負債・純資産・収益・費用のいずれに属するかを明確にする。また，完成問題では，損益計算書欄や貸借対照表欄の記入から残高試算表欄に記入する場合，加算・減算を逆にしないよう注意。

問題18　下の精算表を完成しなさい。ただし，売上原価の計算については，精算表の「仕入」の行で行うこと。なお，現金過不足のうち，受取手数料の記入もれだけが決算日までに判明した。

解法の手引　(1)　空欄完成問題は，修正記入欄を完成することから始める。各欄の金額にもとづいて修正事項を推定し，修正仕訳を修正記入欄に記入する。残高試算表欄の金額が未記入の勘定については，損益計算書欄または貸借対照表欄の金額と修正記入欄の金額から逆算して求める。
(2)　未収利息・前払保険料は資産であり，未払販売費・未払利息・前受手数料は負債であることに注意する。

精　　算　　表

勘定科目	残高試算表		修正記入		損益計算書		貸借対照表	
	借方	貸方	借方	貸方	借方	貸方	借方	貸方
現金預金	74,500						74,500	
現金過不足		1,500	1,500					
受取手形	77,000						77,000	
売掛金	39,000						39,000	
未収入金	25,000						25,000	
繰越商品	81,500							
建物	750,000						750,000	
備品	75,000						75,000	
支払手形		66,000						66,000
買掛金		77,000						77,000
借入金		50,000						50,000
貸倒引当金		1,000		4,500				
建物減価償却累計額								
備品減価償却累計額		45,000		11,200				56,200
資本金		650,000						650,000
繰越利益剰余金		39,000						
売上		1,080,000				1,080,000		
受取手数料						8,000		
受取利息		500						
仕入	675,000				700,500			
販売費	107,000				110,200			
給料	143,000				143,000			
支払保険料				500	13,500			
支払利息	3,000							
	2,064,000	2,064,000						
雑益				500		500		
貸倒引当金繰入								
減価償却費			33,700		33,700			
前受手数料				2,000				2,000
未収利息							1,500	
(　　　)販売費								
前払保険料								
未払利息				1,000				1,000
当期純(　　　)								
			185,400	185,400			1,098,500	1,098,500

精算表▶整理事項による作成

問題19　次の期末整理事項によって精算表を作成しなさい。ただし，会計期間は○1年４月１日から○2年３月31日までの１年である。

(1)　商品の期末棚卸高は¥78,000であった。なお，売上原価は「仕入」の行で計算すること。

(2) 仮払金は，従業員の出張にさいして旅費交通費の概算額を支払ったものである。決算日に従業員が出張から帰り，旅費交通費¥12,400との報告を受け，従業員が立て替えていた不足額は現金で支払った。
(3) ○2年3月31日に，顧客から注文を受け，手付金¥23,000が当座預金に振り込まれていたが，その処理がなされていなかった。
(4) 受取手形および売掛金の期末残高に対して，実績率2％の貸倒引当金を設定する。差額を補充する方法により行うこと。
(5) 備品および建物について，定額法により減価償却を行う。残存価額は取得原価の10％とし，また，耐用年数は備品が6年，建物が24年とする。なお，備品は○1年12月1日に購入したものであり，減価償却費は月割計算によって計上する。
(6) 修繕費のうち¥6,000は，3月下旬に実施した駐車場（土地）の整地工事に関するものであるため，修繕費から土地に振り替える。
(7) 家賃は○2年2月1日に向こう6か月分を一括して受け取ったものであり，未経過分は繰り延べる。
(8) 借入金の利息につき，未払分を見越し計上する。借入れの条件は，利率：4％，利払い：各年6月末日，返済期日：○2年6月30日である。

解法の手引 (1) 期末整理事項を仕訳して，整理記入欄に記入する。
(2) 貸倒引当金繰入……受取手形と売掛金の期末残高×貸倒率－貸倒引当金残高（差額を補充する方法による）
減価償却費……{取得原価（試算表欄の備品・建物）－残存価額（原価×0.1）}÷耐用年数（定額法）
(3) 借入金の利息は決算日までに何か月分が未払いとなるかを計算し，月割計算により未払利息の金額を求める。

精算表

勘定科目	試算表		整理記入		損益計算書		貸借対照表	
	借方	貸方	借方	貸方	借方	貸方	借方	貸方
現金	37,900							
当座預金	109,200							
受取手形	96,000							
売掛金	84,000							
仮払金	12,000							
繰越商品	100,000							
備品	24,000							
建物	96,000							
土地	60,000							
支払手形		79,000						
買掛金		85,000						
貸倒引当金		1,000						
建物減価償却累計額		18,000						
借入金		120,000						
資本金		150,000						
繰越利益剰余金		26,600						
売上		598,000						
受取家賃		15,000						
受取利息		700						
仕入	357,000							
給料	62,000							
旅費交通費	28,000							
修繕費	26,000							
支払利息	1,200							
	1,093,300	1,093,300						
（　　　）								
貸倒引当金（　　）								
減価償却費								
（　　　）								
（　　）家賃								
（　　）利息								
当期純（　　）								

商工会議所簿記検定試験許容勘定科目表

ここに示した勘定科目は仕訳目的の科目であって，財務諸表表示目的の科目は除外されている。
問題の個別的内容に応じた勘定科目の指定がある場合については，その都度問題文の指示が優先されることとなり，常にこの表の勘定科目が認められるものではない。
A欄の勘定科目が標準的な勘定科目であって，採点上許容される勘定科目をB欄に示している。

A　欄	B　欄
資　産	
現金	
小口現金	
当座預金	
当座預金○○銀行	
普通預金	銀行預金
普通預金○○銀行	
定期預金	銀行預金
定期預金○○銀行	
受取手形	
売掛金	○○商店
クレジット売掛金	
電子記録債権	
貸倒引当金	
商品	
繰越商品	
貸付金	
手形貸付金	貸付金
従業員貸付金	貸付金
役員貸付金	貸付金
立替金	
従業員立替金	立替金
前払金	前渡金
未収入金	未収金
仮払金	
受取商品券	
差入保証金	
貯蔵品	
仮払消費税	仮払金
仮払法人税等	仮払金
前払保険料など前払費用の各勘定	前払費用
未収家賃など未収収益の各勘定	未収収益
建物	
建物減価償却累計額	減価償却累計額
備品	
備品減価償却累計額	減価償却累計額
車両運搬具	車両，運搬具
車両運搬具減価償却累計額	車両減価償却累計額，減価償却累計額
土地	
負　債	
支払手形	
買掛金	○○商店
電子記録債務	
前受金	
借入金	銀行借入金
役員借入金	借入金
手形借入金	借入金
当座借越	借入金
未払金	
仮受金	
未払利息など未払費用の各勘定	未払費用
前受地代など前受収益の各勘定	前受収益
預り金	
従業員預り金	預り金
所得税預り金	預り金
社会保険料預り金	預り金
仮受消費税	仮受金
未払消費税	未払金
未払法人税等	
未払配当金	未払株主配当金
純資産（資本）	
資本金	
利益準備金	
繰越利益剰余金	

A　欄	B　欄
収　益	
商品売買益	商品販売益，商品売買損益
売上	
受取家賃	
受取地代	
受取手数料	
受取利息	
雑益	雑収入，雑収益
貸倒引当金戻入	貸倒引当金戻入益
償却債権取立益	
固定資産売却益	備品売却益，土地売却益，建物売却益
費　用	
仕入	
売上原価	
発送費	支払運賃，発送運賃
給料	給料手当，賃金給料
法定福利費	社会保険料
広告宣伝費	広告費，広告料，宣伝費
支払手数料	販売手数料
支払利息	
旅費交通費	旅費，交通費
貸倒引当金繰入	貸倒引当金繰入額
貸倒損失	
減価償却費	建物減価償却費，備品減価償却費
通信費	
消耗品費	事務用消耗品費
水道光熱費	光熱水費
支払家賃	地代家賃，(支払)賃借料，(支払)不動産賃借料
支払地代	地代家賃，(支払)賃借料，(支払)不動産賃借料
保険料	支払保険料，火災保険料
租税公課	公租公課，固定資産税，印紙税
修繕費	(支払)修繕料，修理費
雑費	
雑損	雑損失
固定資産売却損	備品売却損，建物売却損，土地売却損
保管費	保管料，倉庫料
諸会費	
法人税，住民税及び事業税	法人税等
そ の 他	
現金過不足	
損益	

※会社法・会社計算規則や各種会計基準の改正・改訂等により，一部の用語などが変更される可能性がある。
※順不同。
※試験前に日本商工会議所簿記検定試験公式webページを確認することをお勧めします。

3　級

第1回簿記検定模擬試験問題用紙

商　業　簿　記

第1問（45点）

次の取引について仕訳しなさい。ただし，勘定科目は各取引の下の勘定項目から最も適当と思われるものを選ぶこと。

1．高知商店から商品￥700,000を仕入れ，代金のうち￥280,000については小切手を振出して支払い，残額は掛けとした。
　ア．現金　イ．買掛金　ウ．未払金　エ．仕入　オ．当座預金　カ．売掛金

2．携帯電話の4月分の料金￥50,000が普通預金口座から引き落とされた。
　ア．普通預金　イ．当座預金　ウ．通信費　エ．消耗品費　オ．買掛金　カ．未払金

3．備品￥350,000を購入し，代金は来月末に支払うこととした。なお，引取運賃￥4,000は現金で支払った。
　ア．備品　イ．売上　ウ．普通預金　エ．現金　オ．未払金　カ．買掛金

4．買掛金￥45,000と次回の商品仕入のための手付金￥18,000を，小切手￥63,000を振出して支払った。
　ア．売掛金　イ．支払手数料　ウ．買掛金　エ．未払金　オ．前払金　カ．当座預金

5．現金の実際有高が帳簿残高より￥24,000不足していたので，かねて現金過不足勘定で処理しておいたが，その後原因を調べたところ，交通費の支払額￥8,000，購入した事務用伝票の支払額￥2,000および手数料の受取額￥5,000が記入もれであることが判明した。なお，残額は原因不明のため，適当な科目に振り替えることにした。
　ア．現金過不足　イ．旅費交通費　ウ．消耗品費　エ．受取手数料　オ．雑損　カ．雑益

6．現金の実際有高は￥220,000，帳簿残高は￥225,000であったので不一致の原因を調査することにした。
　ア．現金　イ．現金過不足　ウ．雑損　エ．雑益　オ．雑費　カ．普通預金

7．商品￥100,000をクレジット払いで売り渡した。なお，信販会社への手数料（売上代金の5％）を計上した。
　ア．クレジット売掛金　イ．電子記録債権　ウ．電子記録債務　エ．売上　オ．支払手数料
　カ．受取手数料

8．帯広商事に商品￥170,000を売り渡し，代金は掛けとした。そのさい，当店負担の発送運賃￥3,400は現金で支払った。なお，消費税（10%）は税抜方式で記帳する。また，発送運賃の消費税は考慮しない。
　ア．売掛金　イ．現金　ウ．発送費　エ．仮払消費税　オ．仮受消費税　カ．売上

9．青森商事から商品￥294,000を仕入れ，代金は掛けとした。なお，当店負担の引取運賃￥3,000は現金で支払った。
　ア．仕入　イ．買掛金　ウ．発送費　エ．現金　オ．売上　カ．売掛金

10．社会保険料の従業員負担分￥30,000と会社負担分￥30,000の合計額を普通預金口座より納付した。
　ア．普通預金　イ．未払消費税　ウ．租税公課　エ．社会保険料預り金　オ．法定福利費
　カ．保険料

11. 電子記録債権¥400,000が支払期日になり，当社の普通預金口座に入金したむね取引銀行から連絡を受けた。
ア．電子記録債務　イ．買掛金　ウ．売掛金　エ．電子記録債権　オ．仕入　カ．普通預金

12. 秋田商事への貸付金¥1,000,000が支払期日となり，利息¥2,500とともに同社振出しの小切手で受け取った。
ア．貸付金　イ．受取利息　ウ．支払利息　エ．現金　オ．買掛金　カ．当座預金

13. 期首に，不用になった備品（取得原価¥600,000，減価償却累計額¥400,000）を¥150,000で売却し，売却代金は現金で受け取った。
ア．備品　イ．現金　ウ．備品減価償却累計額　エ．売上　オ．固定資産売却損
カ．固定資産売却益

14. 株式20株を１株につき¥100,000で発行し，合計¥2,000,000の払込みを受けて株式会社を設立した。払込金はすべて普通預金口座に預け入れた。
ア．資本金　イ．普通預金　ウ．利益準備金　エ．法人税,住民税及び事業税　オ．当座預金
カ．繰越利益剰余金

15. 仕入勘定において算定された売上原価¥2,600,000を損益勘定に振り替えた。
ア．雑損　イ．雑益　ウ．損益　エ．売上原価　オ．仕入　カ．売上

第2問（20点）

問1

下記の［資料］から，株式会社中部（決算年1回，3月31日）の損益勘定，資本金勘定，繰越利益剰余金勘定の(ア)から(オ)に当てはまる金額を記入しなさい。なお，当期は20×8年4月1日から20×9年3月31日までである。

［資料］

1．総売上高：￥2,550,000
2．純売上高：￥2,500,000
3．決算整理前仕入勘定残高（借方）：￥1,800,000
4．期首商品棚卸高：￥200,000
5．期末商品棚卸高：￥250,000
6．売上原価は仕入勘定で算定する。

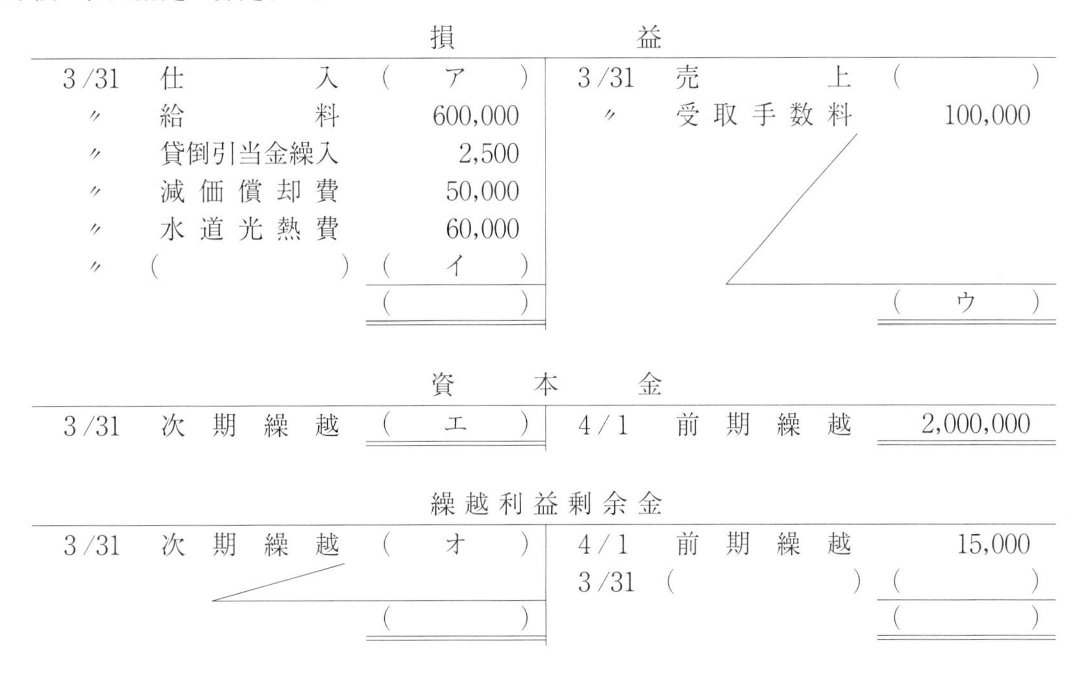

損　　益

日付	摘要	金額	日付	摘要	金額
3/31	仕　入	（　ア　）	3/31	売　上	（　　）
〃	給　料	600,000	〃	受取手数料	100,000
〃	貸倒引当金繰入	2,500			
〃	減価償却費	50,000			
〃	水道光熱費	60,000			
〃	（　　）	（　イ　）			
		（　　）			（　ウ　）

資　本　金

日付	摘要	金額	日付	摘要	金額
3/31	次期繰越	（　エ　）	4/1	前期繰越	2,000,000

繰越利益剰余金

日付	摘要	金額	日付	摘要	金額
3/31	次期繰越	（　オ　）	4/1	前期繰越	15,000
			3/31	（　　）	（　　）
		（　　）			（　　）

問2

次の文の①～⑩にあてはまる最も適切な語句を下記の［語群］から選び，ア～トの記号で答えなさい。

1．給料から差し引かれる所得税の源泉徴収額は，租税公課などの（　①　）ではなく，会社にとっては預り金として貸借対照表上（　②　）に計上される。
2．当座預金の引出しには，一般に（　③　）が使われる。他社が振り出した（　③　）を受け取った場合，（　④　）として処理する。
3．（　⑤　）に生じた売掛金が当期中に回収不能となった場合，（　⑤　）決算日に設定された（　⑥　）を取り崩す。
4．売掛金勘定や買掛金勘定は，主要簿である（　⑦　）に収められる。主要簿には（　⑦　）のほか，（　⑧　）がある。
5．建物の機能の回復や維持のために修繕を行った場合の仕訳の借方は（　⑨　）勘定を用いるが，修繕により機能が向上して価値が増加した場合は（　⑩　）勘定を用いる。

［語群］

ア　建物	イ　売掛金元帳	ウ　負債	エ　前期	オ　仕訳日計表
カ　支払手形	キ　総勘定元帳	ク　収益	ケ　減価償却累計額	コ　貸倒引当金
サ　純資産	シ　現金	ス　仕訳帳	セ　修繕費	ソ　小切手
タ　費用	チ　貸倒引当金繰入	ツ　貸倒損失	テ　次期	ト　受取手形

3　級

第1回簿記検定模擬試験問題用紙

商　業　簿　記

第3問（35点）

答案用紙の精算表の空欄に当てはまる語句または金額を記入し，精算表を完成しなさい。なお，決算日現在，決算整理事項のほかに，次の未処理事項があった。

1．仮受金¥2,000は，得意先に対する売掛金の回収分であることが判明した。

2．売上返品¥4,000が広告宣伝費として処理されていた。

3．かねて振り出していた約束手形¥6,000が決済され，当座預金から引き落とされたむねの連絡を受けた。

3 級

第2回簿記検定模擬試験問題用紙

商 業 簿 記

第1問（45点）

次の取引について仕訳しなさい。ただし，勘定科目は各取引の下の勘定項目から最も適当と思われるものを選ぶこと。

1．注文しておいた商品￥700,000を引き取り，注文時に支払った手付金￥80,000を差し引いた残額は小切手を振り出して支払った。
ア．現金　イ．未払金　ウ．当座預金　エ．仕入　オ．備品　カ．前払金

2．期首に，不用になった車両（取得原価￥3,600,000，帳簿価額￥300,000，間接法で記帳）を￥180,000で売却し，代金は2週間後に当社指定の普通預金口座に振り込んでもらうこととした。
ア．普通預金　イ．車両減価償却累計額　ウ．固定資産売却損　エ．未収入金
オ．固定資産売却益　カ．車両

3．店舗を賃借し，1か月分の家賃￥100,000，手数料￥200,000，敷金￥300,000を普通預金口座から振り込んだ。
ア．支払家賃　イ．差入保証金　ウ．普通預金　エ．前払金　オ．支払手数料　カ．受取手数料

4．従業員が出張から戻り，旅費の領収書￥37,000を受け取った。そこで，同額をこの従業員へ後日支払うこととし，未払金として計上した。
ア．従業員立替金　イ．旅費交通費　ウ．未払金　エ．当座預金　オ．従業員預り金　カ．現金

5．商品￥600,000をクレジット払いの条件で販売し，信販会社へのクレジット手数料（販売代金の3％）を計上した。
ア．クレジット売掛金　イ．売掛金　ウ．支払手数料　エ．売上　オ．買掛金　カ．受取手数料

6．電子記録債権￥170,000が決済され，同額が当座預金口座に振り込まれた。
ア．普通預金　イ．電子記録債権　ウ．電子記録債務　エ．当座預金　オ．売掛金
カ．未収入金

7．決算日において，借方に計上していた現金過不足￥14,000の原因を改めて調査した結果，水道光熱費￥18,000，受取利息￥3,000の記入もれが判明した。なお残額については原因が不明であったので，適切に処理した。
ア．雑損　イ．雑益　ウ．現金　エ．現金過不足　オ．受取利息　カ．水道光熱費

8．商品￥220,000を売り渡し，代金のうち￥200,000は当店が振り出した小切手で受け取り，残額は現金で受け取った。
ア．現金　イ．仕入　ウ．当座預金　エ．売掛金　オ．売上　カ．買掛金

9．当座預金の口座開設にともない現金￥500,000を預け入れた。
ア．当座預金　イ．現金　ウ．普通預金　エ．当座借越　オ．未収入金　カ．未払金

10．松山商店から商品￥380,000を仕入れ，代金のうち半額は小切手を振出し，残額は掛けとした。
ア．仕入　イ．当座預金　ウ．電子記録債権　エ．電子記録債務　オ．買掛金　カ．売掛金

11. 大仙商事からの借入金¥500,000が支払期日となり，利息¥1,300とともに小切手を振出して支払った。
ア．借入金　イ．支払利息　ウ．現金　エ．当座預金　オ．貸付金　カ．受取利息

12. 店舗の改築と修繕を行い，代金¥13,000,000を普通預金口座より支払った。なお，建物の資産価値を高める支出額（資本的支出）は¥10,000,000であり，建物の現状を維持するための支出額（収益的支出）は¥3,000,000である。
ア．建物　イ．建物減価償却累計額　ウ．修繕費　エ．当座預金　オ．普通預金　カ．資本金

13. ○○株式会社は，決算にあたり当期純損失¥280,000を計上した。
ア．繰越利益剰余金　イ．資本金　ウ．雑損　エ．雑益　オ．損益　カ．利益準備金

14. 消費税の確定申告を行い，未払いであった消費税¥3,000を現金で納付した。
ア．未払消費税　イ．現金　ウ．仮受消費税　エ．租税公課　オ．仮払消費税
カ．未払法人税等

15. 山形商事（株）から事務用消耗品を購入し，品物とともに次の納品書兼請求書を受け取り，代金は後日支払うことにした。なお消費税は税抜方式により処理する。
ア．貯蔵品　イ．消耗品費　ウ．仮払消費税　エ．未払金　オ．備品　カ．普通預金

納品書 兼 請求書

実教商事株式会社 御中

×2年9月9日
山形商事（株）

品　物	数量	単　価	金　額
コピー用紙A４（500枚）	2	¥　750	¥1,500
インクカートリッジ６色マルチパック	1	¥4,500	¥4,500
	消費税（10%）		¥　600
	合　計		¥6,600

×2年９月25日までに下記口座へお振込み下さい。
蔵王銀行荘内支店　普通　112233　ヤマガタハナコ

第2回簿記検定模擬試験問題用紙

第2問（20点）

問1

次の各取引の伝票記入について，A～Bには次に示した［語群］の中から適切な語句を選択し，記号で記入するとともに，①～③には適切な金額を記入しなさい。ただし，いったん全額を掛取引として起票する方法と取引を分解して起票する方法のいずれを採用しているかについては，取引ごとに異なるため，各伝票の記入から各自判断すること。

［語群］ ア 現　金　イ 売 掛 金　ウ 未収入金　エ 買 掛 金
オ 未 払 金　カ 売　上　キ 仕　入

(1) 商品を￥110,000で仕入れ，代金のうち￥10,000については現金で支払い，残額は掛けとした。

出金伝票	
科　目	金　額
（　　　）	（ ① ）

振替伝票			
借方科目	金　額	貸方科目	金　額
仕　入	110,000	（ A ）	110,000

(2) 商品を￥175,000で売り渡し，代金のうち￥25,000については現金で受け取り，残額は掛けとした。

入金伝票	
科　目	金　額
売　上	（ ② ）

振替伝票			
借方科目	金　額	貸方科目	金　額
（ B ）	（　　　）	（　　　）	（ ③ ）

問2

当社では毎期11月1日に向こう1年分の保険料￥48,000を支払っていたが，当期の支払額は10％アップして￥52,800となった。そこで，この保険料に関連する下記の勘定の空欄のうち，A～Cには次に示した［語群］の中から適切な語句を選択し，記号で記入するとともに，①～②には適切な金額を記入しなさい。なお，会計期間は4月1日から3月31日までであり，前払保険料は月割計算している。

［語群］ ア 前期繰越　イ 次期繰越　ウ 損　益　エ 現　金
オ 未 払 金　カ 保 険 料　キ 前払保険料

保　険　料

4/ 1	（ A ）	（　）	3/31	（　）	（　）
11/ 1	現 金	52,800	〃	（ B ）	（　）
		（　）			（　）
4/ 1	（　）	（ ② ）			

（　　）保険料

4/ 1	（　）	（ ① ）	4/ 1	（　）	（　）
3/31	（　）	（　）	3/31	（ C ）	（　）
		58,800			58,800
4/ 1	（　）	（　）	4/ 1	（　）	（　）

3　級

第2回簿記検定模擬試験問題用紙

商　業　簿　記

第3問（35点）

会計期間を4月1日から翌年3月31日までとする仙台商店の，次の［決算日に判明した事項］および［決算整理事項］にもとづいて，答案用紙の精算表を完成しなさい。

［決算日に判明した事項］

(1) 現金過不足につき，その原因を調査していたが，広告宣伝費¥36,000の記帳もれが判明した。そのほかには，依然として原因不明である。

(2) 出張していた従業員が帰店し，旅費の概算額¥40,000の精算をしたところ，現金¥6,000が戻された。

(3) 上記の出張していた従業員からの振込額¥80,000を仮受金として処理していたが，そのうち¥60,000は得意先岐阜商店からの売掛金の回収分であり，残額は美濃商店から商品の注文を受けたさいの手付金であることが判明した。

(4) 取引銀行から，取立依頼していた約束手形¥100,000が無事決済され，当座預金口座に入金されたむねの連絡が届いた。

［決算整理事項］

(1) 商品の期末棚卸高は¥736,000であった。なお，売上原価は「仕入」の行で算定すること。

(2) 受取手形および売掛金の期末残高に対し，3％の貸倒引当金を差額補充法により設定する。

(3) 建物および備品について，定額法による減価償却を行う。なお，残存価額は両者とも取得原価の10%，耐用年数は建物を25年，備品を6年として算定する。

(4) 現金過不足について，適切な処理を行う。

(5) 支払保険料は，当期7月1日に向こう1年分を前払いしたものであり，未経過分を繰り延べる。

(6) 当店が保有している土地を尾張商店に貸しているが，契約により当月分の地代¥60,000は翌月1日に受け取ることとなっている。

(7) 従業員4名に対し，今月の給料日後，決算日までの給料が1人につき¥20,000生じているが未払いである。

3　級

第3回簿記検定模擬試験問題用紙

商　業　簿　記

第1問（45点）

次の取引について仕訳しなさい。ただし，勘定科目は各取引の下の勘定項目から最も適当と思われるものを選ぶこと。

1．注文しておいた商品￥300,000を受け取り，代金のうち￥30,000は注文時に支払った内金と相殺し，残額は月末に支払うことにした。なお，引取運賃￥3,000は現金で支払った。
　ア．現金　イ．仕入　ウ．備品　エ．前払金　オ．買掛金　カ．前受金

2．栃木商店へ商品￥600,000を売り渡し，代金のうち￥350,000については，栃木商店振出し，当店宛ての小切手を受け取り，残額については月末に受け取ることにした。なお当店負担の発送運賃￥6,000については小切手を振り出した。
　ア．当座預金　イ．未収入金　ウ．発送費　エ．売掛金　オ．現金　カ．売上

3．パソコン5台(@￥124,000)と文房具￥36,000を購入し,代金は月末に支払うことにした。パソコンのセッティング費用￥9,800は小切手を振出して支払った。
　ア．備品　イ．買掛金　ウ．未払金　エ．当座預金　オ．普通預金　カ．消耗品費

4．中間申告を行い，法人税￥350,000，住民税￥100,000及び事業税￥175,000を現金で納付した。
　ア．現金　イ．仮払法人税等　ウ．租税公課　エ．未払法人税等　オ．法人税,住民税及び事業税
　カ．未払金

5．掛けで販売した商品67個（原価：@￥6,300，売価：@￥8,500）のうち，3個が破損していたため返品されてきた。
　ア．仕入　イ．売上　ウ．買掛金　エ．売掛金　オ．備品　カ．雑費

6．現金の実際有高は￥133,000，帳簿残高は￥130,000であったので，不一致の原因を調査することにした。
　ア．現金　イ．現金過不足　ウ．雑損　エ．雑益　オ．雑費　カ．普通預金

7．神戸商事から商品￥60,000を仕入れ，代金は小切手を振出して支払った。
　ア．仕入　イ．買掛金　ウ．普通預金　エ．当座預金　オ．当座借越　カ．現金

8．販売用の中古車を￥550,000で購入し，代金は月末に支払うことにした。なお，当店は中古車販売業を営んでいる。
　ア．車両運搬具　イ．仕入　ウ．買掛金　エ．未払金　オ．未収入金　カ．前払金

9．出張中の従業員から普通預金口座へ￥220,000の振込みがあったが，その内容は不明である。
　ア．仮受金　イ．現金　ウ．前受金　エ．普通預金　オ．仮払金　カ．前払金

10．電子記録債務￥250,000が支払期日になり，当座預金口座から決済されたむね取引銀行から通知を受けた。
　ア．電子記録債権　イ．電子記録債務　ウ．当座預金　エ．普通預金　オ．仕入　カ．買掛金

3　級

第3回簿記検定模擬試験問題用紙

商　業　簿　記

11. 大分商事に対する売掛金￥280,000について，同社の承諾を得て電子記録債権の発生記録を請求した。
　ア．売掛金　イ．未収入金　ウ．電子記録債権　エ．買掛金　オ．未払金　カ．電子記録債務

12. 運転資金の不足を補うために，役員のB氏から一時的に現金￥1,000,000を借り入れ，借用証書を差し入れた。
　ア．役員借入金　イ．借入金　ウ．現金　エ．資本金　オ．貸付金　カ．差入保証金

13. 株主総会で繰越利益剰余金￥1,200,000の一部を次のとおり処分することが承認された。
　配当金　￥160,000　　利益準備金の積立て　￥16,000
　ア．資本金　イ．利益準備金　ウ．未払配当金　エ．繰越利益剰余金　オ．損益　カ．現金

14. 前期に発生した売掛金￥30,000が貸倒れとなった。ただし，貸倒引当金の残高は￥100,000である。
　ア．貸倒引当金　イ．貸倒引当金繰入　ウ．貸倒引当金戻入　エ．売掛金　オ．貸倒損失
　カ．買掛金

15. 富山商事株式会社に商品￥333,000を売り上げ，代金のうち￥33,000については同社振出しの小切手で受け取り，残額は掛けとした取引について，入金伝票を次のように作成したとき，振替伝票に記入される仕訳を答えなさい。なお，3伝票制を採用している。
　ア．売上　イ．現金　ウ．当座預金　エ．仕入　オ．売掛金　カ．電子記録債権

入　金　伝　票

科　目	金　額
売　上	33,000

3 級

第3回簿記検定模擬試験問題用紙

商 業 簿 記

第2問（20点）

問1

次の資料にもとづいて，備品勘定と備品減価償却累計額勘定の空欄①～⑤には［語群］の中から適切な語句を選択し，記号で記入するとともに，(a)～(e) には適切な金額を答案用紙に記入しなさい。

［語群］ ア 前期繰越　イ 次期繰越　ウ 損益　エ 当座預金
オ 普通預金　カ 備品減価償却累計額　キ 減価償却費

○4年4月1日　備品￥600,000を，小切手を振出して購入した。

○5年3月31日　定額法によって減価償却費を計上する。耐用年数は10年，残存価額はゼロとする。

○6年1月1日　備品￥400,000を，小切手を振出して購入した。

3月31日　定額法によって減価償却費を計上する。なお，1月1日に購入した備品についても，耐用年数と残存価額は同様とし，減価償却費は月割計算によって計上する。

備　品

日付	摘要	金額	日付	摘要	金額
○4/ 4/ 1	当座預金	600,000	○5/ 3/31	次期繰越	(a)
○5/ 4/ 1	(①)	( )	○6/ 3/31	( )	( )
○6/ 1/ 1	(②)	(b)			
		( )			( )
○6/ 4/ 1	( )	( )			

備品減価償却累計額

日付	摘要	金額	日付	摘要	金額
○5/ 3/31	(③)	(c)	○5/ 3/31	(④)	( )
○6/ 3/31	( )	( )	○5/ 4/ 1	( )	( )
			○6/ 3/31	(⑤)	(d)
		( )			( )
			○6/ 4/ 1	( )	(e)

問2

上越商事株式会社の次の［資料］にもとづいて，下記の問に答えなさい。

［資料］ ×4年5月中の取引

1日　備品￥435,000を購入し，引取運賃￥15,000を含めた合計額を，小切手を振り出して支払った。

9日　商品￥175,000を仕入れ，注文時に支払った手付金￥25,000を差し引いた残額を掛けとした。

15日　売掛金￥45,000を現金で回収した。

27日　商品￥400,000を売り上げ，代金のうち￥25,000は現金で受け取り，残額は掛けとした。

31日　月次決算処理のひとつとして，5月1日に購入した備品について，残存価額をゼロ，耐用年数を5年とする定額法で減価償却を行い，減価償却費を月割で計上した。

1．1日，9日および15日の取引が，答案用紙に示されたどの補助簿に記入されるか答えなさい。なお，解答にあたっては，該当するすべての補助簿の欄に○印を付すこと。

2．27日の取引について，入金伝票を次のように作成したとき，答案用紙の振替伝票を作成しなさい。なお，科目は［語群］の中から適切な語句を選択すること。

入 金 伝 票

科　目	金　額
売 掛 金	25,000

［語群］ ア 現金
イ 売掛金
ウ 売上

3．31日に計上される減価償却費の金額を答えなさい。

3　級

第3回簿記検定模擬試験問題用紙

商　業　簿　記

第3問（35点）

次の(1)決算整理前残高試算表および(2)決算整理事項等にもとづいて，答案用紙の貸借対照表および損益計算書を完成しなさい。なお，会計期間は20×8年4月1日から20×9年3月31日までの1年間である。

(1)　決算整理前残高試算表

借　方	勘定科目	貸　方
630,000	現金	
246,000	普通預金	
820,000	受取手形	
700,000	売掛金	
600,000	繰越商品	
2,000,000	建物	
900,000	備品	
960,000	車両運搬具	
8,600,000	土地	
	買掛金	1,280,000
	仮受金	360,000
	手形借入金	600,000
	貸倒引当金	10,400
	建物減価償却累計額	400,000
	備品減価償却累計額	899,999
	車両運搬具減価償却累計額	160,000
	資本金	10,000,000
	繰越利益剰余金	903,601
	売上	9,564,600
	受取地代	1,040,000
7,910,000	仕入	
1,332,600	給料	
160,000	支払手数料	
150,000	水道光熱費	
130,000	通信費	
60,000	旅費交通費	
20,000	支払利息	
25,218,600		25,218,600

(2)　決算整理事項等

1．3月中に従業員が立替払いした旅費交通費は¥6,000であったが未処理である。なお，当店では従業員が立替払いした旅費交通費を毎月末に未払金として計上したうえで，従業員には翌月に支払っている。

2．3月末にすべての車両運搬具を¥360,000で売却したが，受け取った代金を仮受金として処理しただけである。そこで，決算にあたり適切に修正する。なお，車両運搬具は定額法（耐用年数6年，残存価額ゼロ）により減価償却を行う。

3．期末商品の棚卸高は¥630,000であった。

4．建物については定額法（耐用年数50年，残存価額ゼロ）により減価償却を行う。

5．備品については，すでに昨年度において当初予定していた耐用年数をむかえたが，来年度も使用し続ける予定である。そこで，今年度の減価償却は不要であり，決算整理前残高試算表の金額をそのまま貸借対照表へ記載する。

6．受取手形および売掛金に対して1％の貸倒れを見積もり，差額補充法により貸倒引当金を設定する。

7．水道光熱費の決算日までの未払分が¥14,000ある。

8．利息の前払分は¥4,000である。

9．決算整理前残高試算表の受取地代は来期4月分を含む13か月分であるため，月割により適切な金額を前受計上する。

3　級

第4回簿記検定模擬試験問題用紙

商　業　簿　記

第1問（45点）

次の取引について仕訳しなさい。ただし，勘定科目は各取引の下の勘定項目から最も適当と思われるものを選ぶこと。

1．小口現金係から以下のように支払いの報告を受け，ただちに小切手を振り出して資金を補給した。なお，当店では定額資金前渡制度（インプレスト・システム）により，小口現金係から報告を受け，これに基づいて資金を補給している。

通信費：￥27,000　旅費交通費：￥35,000　雑費：￥8,500

ア．通信費　イ．小口現金　ウ．現金　エ．旅費交通費　オ．雑費　カ．当座預金

2．前期の決算整理にともない計上した未収利息￥16,000につき，当期首に再振替仕訳を行った。

ア．未収利息　イ．当座預金　ウ．受取利息　エ．支払利息　オ．未収入金　カ．未払利息

3．得意先が倒産し，その得意先に対する前年度発生の売掛金￥400,000が回収不能となったので，貸倒れとして処理した。なお，貸倒引当金の残高が￥160,000あった。

ア．買掛金　イ．売掛金　ウ．貸倒引当金　エ．貸倒損失　オ．当座預金　カ．貸倒引当金戻入

4．従業員の給料について源泉徴収していた所得税￥185,000を税務署に現金で納付した。

ア．現金　イ．従業員預り金　ウ．所得税預り金　エ．仮払法人税等　オ．租税公課
カ．未払金

5．商品￥300,000を仕入れ，代金は小切手を振り出して支払った。なお，銀行と当座借越契約（借越限度額￥1,000,000）を結んでおり，現在の当座預金残高は￥250,000であった。当座預金勘定は，決算整理で当座借越額を負債に振り替える処理をしている。

ア．仕入　イ．買掛金　ウ．売上　エ．借入金　オ．当座預金　カ．当座借越

6．旭川商事から売掛金￥340,000を同社振出しの小切手で受け取り，ただちに当座預金に預け入れた。

ア．当座預金　イ．売掛金　ウ．電子記録債権　エ．現金　オ．買掛金　カ．普通預金

7．広島商店に対する買掛金￥160,000を支払うため，過日山口商店から受け取った小切手￥120,000を手渡し，残額は現金で支払った。

ア．買掛金　イ．普通預金　ウ．当座預金　エ．現金　オ．売掛金　カ．未払金

8．阿蘇商事に対する買掛金￥410,000について，電子記録債務の発生記録を請求した。

ア．買掛金　イ．電子記録債権　ウ．電子記録債務　エ．クレジット売掛金　オ．未収入金
カ．未払金

9．貸方に計上していた現金過不足勘定￥1,000の原因を調査したところ，受取手数料￥6,200と記帳すべきところを￥5,200と記帳していたことが判明した。

ア．受取手数料　イ．現金過不足　ウ．現金　エ．雑損　オ．雑益　カ．支払手数料

10. かねて借り入れていた¥1,000,000の返済期日がきて，同額が当座預金口座より引き落とされた。
　ア．普通預金　　イ．借入金　　ウ．当座預金　　エ．買掛金　　オ．未払金　　カ．貸付金

11. 倉敷商店に¥500,000を貸し付け，利息¥1,500を差し引いた残額を普通預金口座から倉敷商店の普通預金口座へ振り込んだ。
　ア．借入金　　イ．支払利息　　ウ．受取利息　　エ．普通預金　　オ．支払手数料　　カ．貸付金

12. 株主総会で承認された株主への配当金¥400,000を当座預金口座から支払った。
　ア．資本金　　イ．当座預金　　ウ．利益準備金　　エ．未払配当金　　オ．繰越利益剰余金　　カ．現金

13. 法人税等の中間申告を行い，法人税¥700,000，住民税¥200,000及び事業税¥350,000を普通預金口座より納付した。
　ア．法人税,住民税及び事業税　　イ．未払法人税等　　ウ．仮払法人税等　　エ．租税公課
　オ．普通預金　　カ．未払金

14. 従業員の給料¥250,000の支払いにさいして，所得税の源泉徴収額¥16,000と従業員負担の社会保険料¥20,000を差し引いた金額を，普通預金口座から従業員の預金口座に振り込んだ。
　ア．社会保険料預り金　　イ．従業員立替金　　ウ．給料　　エ．所得税預り金　　オ．普通預金
　カ．租税公課

15. 本日の売上集計表は次のとおりである。なお，合計額のうち¥80,000はクレジットカード，残額が現金による売上である。クレジット会社への手数料（販売代金の５％）も計上する。
　ア．クレジット売掛金　　イ．売上　　ウ．仮受消費税　　エ．仮払消費税　　オ．支払手数料
　カ．現金

売上集計表

×21年6月21日

品　物	数量	単　価	金　額
加湿器（スチーム式）	8	¥ 2,500	¥ 20,000
空気清浄機	5	¥24,000	¥120,000
	消費税（10%）		¥ 14,000
	合　計		¥154,000

第4回簿記検定模擬試験問題用紙

第2問（20点）

問1

相模商店は，商品売買にかかわる取引を，仕入勘定，売上勘定および繰越商品勘定を用いて記帳しており，さらに決算時に売上原価勘定を設けて売上原価を算定している。そこで，期首商品棚卸高が￥390,000，当期商品仕入高が￥4,770,000，期末商品棚卸高が￥315,000であったとき，売上原価算定に関連する決算仕訳を次の①から④の順に示しなさい。なお，勘定科目は下記の［語群］から適切な科目を選択し，記号で記入しなさい。

［語群］　ア 繰越商品　イ 売上　ウ 仕入　エ 売上原価
オ 損益

① 期首商品棚卸高の振替え
② 当期商品仕入高の振替え
③ 期末商品棚卸高の振替え
④ 売上原価の損益勘定への振替え

問2

東北株式会社（決算年1回，3月31日）は，現金の実際残高を確認するため，決算日に金庫を実査したところ，次のものが保管されていた。

【金庫の中に保管されていたもの】

紙幣	￥　200,000	硬貨	￥　10,000
送金小切手	80,000	郵便為替証書	78,000
他社振出しの小切手	76,000	自社振出しの小切手	30,000
他社振出しの約束手形	150,000	他社発行の商品券	90,000
郵便切手	20,000	収入印紙	100,000

そこで，次の問に仕訳で答えなさい。なお，勘定科目は下記の［語群］から適切な科目を選択し，記号で記入しなさい。

(1) 郵便切手と収入印紙は，未使用であるため貯蔵品に振り替える。
(2) 現金出納帳の残高欄は￥480,000であった。実際残高との差額を適切な勘定に振り替える。なお，この金庫のほかには現金は一切ない。
(3) 上記(2)の差額について原因を調査したところ，広告宣伝費￥76,000の支払いと得意先からの手付金￥44,000の受取りの記帳がもれていることが判明した。残額は原因不明のため，雑損または雑益に振り替える。

［語群］　ア 現金　イ 受取手形　ウ 受取商品券　エ 貯蔵品
オ 前払金　カ 前受金　キ 雑益　ク 広告宣伝費
ケ 通信費　コ 租税公課　サ 雑損　シ 現金過不足

3　級

第４回簿記検定模擬試験問題用紙

商　業　簿　記

第３問（35点）

次の(1)残高試算表と(2)決算整理事項等にもとづいて，答案用紙の空欄に適当な語句または金額を記入して，貸借対照表と損益計算書を完成しなさい。なお，当期の会計期間は，○1年４月１日から○2年３月31日までの１年である。

(1)　残高試算表

残　高　試　算　表

○2年３月31日

借　方	勘定科目	貸　方
125,000	現金	
189,000	当座預金	
130,000	受取手形	
165,000	売掛金	
39,000	繰越商品	
600,000	貸付金	
750,000	建物	
900,000	土地	
	支払手形	75,000
	買掛金	104,000
	仮受金	25,000
	貸倒引当金	1,000
	建物減価償却累計額	108,000
	資本金	1,800,000
	繰越利益剰余金	175,000
	売上	5,862,500
	受取地代	172,500
	受取配当金	32,000
4,572,500	仕入	
456,000	給料	
242,500	旅費交通費	
60,500	水道光熱費	
46,000	保険料	
39,000	通信費	
21,500	支払手数料	
19,000	消耗品費	
8,355,000		8,355,000

(2)　決算整理事項等

1．仮受金は，全額得意先に対する売掛金の回収額であることが判明した。

2．決算直前に掛けで仕入れた商品のうち，一部￥1,300に品違いがあったため返品した。

3．上記２の返品処理後の期末商品棚卸高は￥40,500である。

4．受取手形および売掛金の期末残高に対して，それぞれ３％の貸倒引当金を差額補充法により設定する。

5．建物について，残存価額を取得原価の10％，耐用年数を25年とする定額法によって減価償却を行う。

6．貸付金￥600,000は，○2年２月１日に，利率年４％，貸付期間12か月の条件で貸し付けたものであり，決算にあたって利息の未収分を計上する。

7．保険料は，全額建物に対する火災保険料で，毎年同額を12月１日に12か月分として支払っている。

8．地代の前受分は￥34,500である。

3　級

第5回簿記検定模擬試験問題用紙

商　業　簿　記

第1問（45点）

次の取引について仕訳しなさい。ただし，勘定科目は各取引の下の勘定項目から最も適当と思われるものを選ぶこと。

1．決算にあたり，現金の手許有高を調べたところ，帳簿残高は¥390,000であるのに対して，実際有高は¥385,000であった。この現金過不足額のうち¥3,400は，従業員個人が負担すべき交通費を店の現金で肩代わりして支払った取引が未記帳であったためであると判明したが，残りの現金不足額の原因は不明である。

ア．雑損　イ．現金　ウ．未払金　エ．雑益　オ．旅費交通費　カ．従業員立替金

2．前月末に得意先より¥300,000が当座預金口座に振り込まれ，その内容が不明であったため仮受金として処理していた。本日得意先より連絡が入り，その内訳が売掛金の回収額¥240,000と注文を受けた商品¥600,000に対する内金¥60,000であると判明した。

ア．仮受金　イ．当座預金　ウ．売掛金　エ．前受金　オ．前払金　カ．仮払金

3．京都商店に商品¥750,000を売り渡し，代金のうち¥300,000は同店振出し，当店宛ての小切手で受け取り，残額は月末に受け取ることにした。なお，当店負担の発送運賃¥15,000は小切手を振出して支払った。

ア．現金　イ．未収入金　ウ．売上　エ．当座預金　オ．売掛金　カ．発送費

4．健康保険料および厚生年金保険料について，従業員負担額¥20,000に会社負担額（従業員負担額と同額）を加えて現金で納付した。

ア．社会保険料預り金　イ．現金　ウ．従業員立替金　エ．法定福利費　オ．仮払金
カ．支払保険料

5．株主総会で繰越利益剰余金¥2,000,000を次のとおり処分することが承認された。

株主配当金¥250,000　利益準備金の積立て¥25,000

ア．未払配当金　イ．繰越利益剰余金　ウ．未払金　エ．利益準備金　オ．資本金　カ．現金

6．定期預金¥1,000,000が満期になったので，利息¥3,000とともに普通預金口座に預け入れた。

ア．当座預金　イ．普通預金　ウ．受取利息　エ．定期預金　オ．現金　カ．支払利息

7．従業員が，旅費交通費¥1,300を業務用ICカードで支払った。なお，ICカードへの入金については，入金時に仮払金勘定で処理している。

ア．仮払金　イ．現金　ウ．旅費交通費　エ．従業員立替金　オ．普通預金　カ．従業員預り金

8．貸付金¥2,000,000が満期日になり，元利合計が普通預金口座に振り込まれた。なお，貸付の年利率は1.5%，貸付期間は6か月間であり，利息は月割計算する。

ア．借入金　イ．貸付金　ウ．普通預金　エ．支払利息　オ．受取利息　カ．当座預金

9．新店舗を賃借し，不動産会社に1か月分の家賃¥250,000と敷金¥250,000を，普通預金口座から振り込んだ。

ア．建物　イ．支払家賃　ウ．支払手数料　エ．差入保証金　オ．普通預金　カ．前払金

10. 決算において法人税，住民税及び事業税が¥1,500,000と確定したため，「法人税，住民税及び事業税」として計上するとともに，中間納付額¥700,000を差し引いた金額を未払法人税等とした。
ア．法人税,住民税及び事業税　イ．未払法人税等　ウ．仮払法人税等　エ．租税公課
オ．未払消費税　カ．未払金

11. 固定資産税¥290,000の納付書を受け取り，未払金に計上することなく，ただちに普通預金口座より納付した。
ア．租税公課　イ．未払法人税等　ウ．仮払法人税等　エ．普通預金　オ．未払金
カ．当座預金

12. 当期に発生した売掛金¥75,000が回収不能となった。なお，貸倒引当金の残高は¥120,000である。
ア．貸倒引当金　イ．貸倒損失　ウ．売掛金　エ．雑損　オ．貸倒引当金繰入　カ．雑益

13. 決算日に，現金の実際有高が¥1,200多いことが判明したが，その原因が判明しなかったので適当な勘定で処理した。
ア．現金過不足　イ．現金　ウ．雑益　エ．雑損　オ．仮払金　カ．仮受金

14. 商品¥135,000を仕入れ，代金のうち¥35,000は現金で支払い，残額は掛けとした。この取引について，出金伝票を次のように作成したとき，振替伝票に記入される仕訳を答えなさい。なお，3伝票制を採用している。
ア．売掛金　イ．現金　ウ．前払金　エ．買掛金　オ．仕入　カ．前受金

出　金　伝　票

科　　目	金　　額
買　掛　金	35,000

15. 新潟商事に商品を売り上げ，品物とともに次の納品書兼請求書を発送し，代金は掛けとした。なお，消費税は税抜方式により処理する。
ア．売上　イ．売掛金　ウ．仮払消費税　エ．仮受消費税　オ．仕入　カ．普通預金

納品書 兼 請求書

新潟商事株式会社 御中

×21年6月1日
日商商事（株）

品　　物	数量	単　価	金　　額
USBメモリー 16GB	20	¥1,200	¥24,000
USBメモリー 32GB	10	¥2,000	¥20,000
	消費税（10%）		¥ 4,400
	合　　計		¥48,400

×21年6月25日までに下記口座へお振込み下さい。
千代田銀行丸の内支店　普通　123456　ニッショウタロウ

3　級

第5回簿記検定模擬試験問題用紙　　商　業　簿　記

第2問（20点）

問1

関東家具株式会社と株式会社関西商事は主たる営業活動として家具の販売を行っており，それぞれ商品発送時に売上，商品受取時に仕入を計上している。そこで，以下の証ひょうにもとづき，①関東家具が商品を発送した時，②関西商事が商品を受け取った時，③関東家具が代金の振り込みを受けた時，④関西商事が代金を振り込んだ時の仕訳を答えなさい。勘定科目は次の中から選択し，記号で答えること。なお，関東家具は商品を発送したさいに，送料¥12,500を現金で支払い，送料を加えた金額を掛けとした。

ア．現金　　イ．普通預金　　ウ．当座預金　　エ．売掛金　　オ．買掛金　　カ．売上
キ．受取手数料　　ク．仕入　　ケ．支払手数料　　コ．発送費

納品書 兼 請求書

株式会社関西商事 御中

関東家具株式会社

商　　品	数量	単　価	金　　額
4人掛テーブル	3	100,000	300,000
送料	—	—	12,500
	合計		¥312,500

振込期限：4月30日
振 込 先：北南銀行東京支店
普通　0122333

当座勘定照合表（抜粋）

株式会社関西商事 様

東西銀行大阪支店

取引日	摘　　要	支払金額
4.30	お振込カントウカグ（カ	312,500
4.30	お振込手数料	300

問2

中部株式会社（決算年1回，3月31日）における次の取引にもとづいて，受取家賃勘定と前受家賃勘定の空欄のうち，①～②には次に示した［語群］の中から適切な語句を選択し，記号で記入するとともに，③～⑤には適切な金額を記入しなさい。

×3年4月1日　前期決算日に物件Aに対する当期4月から6月までの前受家賃を計上していたので，再振替仕訳を行った。1か月分の家賃は¥80,000である。

×3年7月1日　物件Aに対する向こう半年分の家賃（7月から12月まで）が普通預金口座に振り込まれた。1か月分の家賃に変更はない。

×3年8月1日　物件Bに対する向こう1年分の家賃が普通預金口座に振り込まれた。この取引は新規で，1か月分の家賃は¥110,000である。

×4年1月1日　物件Aに対する向こう半年分の家賃（1月から6月まで）が普通預金口座に振り込まれた。今回から1か月分の家賃は¥88,000に値上げしている。

×4年3月31日　決算日を迎え，前受家賃を計上した。

［語群］　ア 前期繰越　イ 次期繰越　ウ 損　益　エ 前　払
　　　　　オ 前　受　カ 支　払　キ 受　取

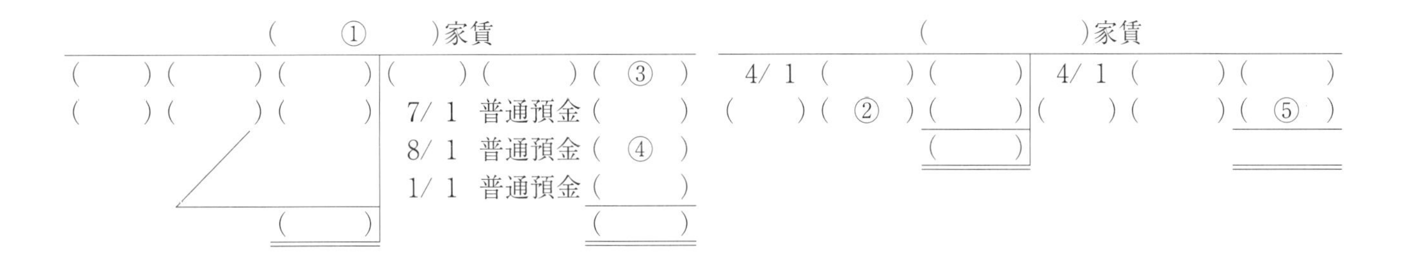

3　級

第5回簿記検定模擬試験問題用紙

商　業　簿　記

第3問（35点）

次の［資料1］と［資料2］にもとづいて，答案用紙の貸借対照表と損益計算書を完成しなさい。なお，会計期間は20×8年4月1日から20×9年3月31日までの1年間である。

［資料1］　決算整理前残高試算表

借　方	勘定科目	貸　方
550,000	現金	
	当座預金	452,000
1,142,000	普通預金	
940,000	売掛金	
92,000	仮払法人税等	
282,000	繰越商品	
1,800,000	建物	
	買掛金	640,000
	社会保険料預り金	26,000
	貸倒引当金	10,000
	建物減価償却累計額	415,000
	資本金	1,800,000
	繰越利益剰余金	546,000
	売上	6,640,000
	受取手数料	160,000
3,800,000	仕入	
960,000	給料	
584,000	広告宣伝費	
36,000	保険料	
168,000	水道光熱費	
280,000	法定福利費	
55,000	減価償却費	
10,689,000		10,689,000

［資料2］　決算整理事項等

1．売掛金￥140,000が普通預金口座に振り込まれていたが，この取引が未記帳であることが判明した。
2．現金の実際有高は￥528,000であった。帳簿残高との差額のうち￥20,000については水道光熱費の記入漏れであることが判明したが，残額については原因不明なので，雑損または雑益として処理する。
3．当座預金勘定の貸方残高全額を当座借越勘定に振り替える。なお，取引銀行とは借越限度額を￥2,000,000とする当座借越契約を結んでいる。
4．売掛金の期末残高に対して2％の貸倒引当金を，差額補充法により設定する。
5．期末商品棚卸高は￥218,000である。
6．建物について，残存価額ゼロ，耐用年数30年として定額法で減価償却を行う。
　減価償却費については，建物の期首の残高を基礎として￥5,000を4月から2月までの11か月間に毎月見積り計上してきており，決算月も同様な処理を行う。
7．保険料は全額当期の12月1日に向こう1年分を支払ったものであるため，前払分を月割で計上する。
8．手数料の未収分が￥24,000ある。
9．法定福利費の未払分￥26,000を計上する。
10．法人税等が￥228,000と計算されたので，仮払法人税等との差額を未払法人税等として計上する。

3　級

第6回簿記検定模擬試験問題用紙　商　業　簿　記

第1問（45点）

次の取引について仕訳しなさい。ただし，勘定科目は各取引の下の勘定項目から最も適当と思われるものを選ぶこと。

1．かねて仕入先山口商店から商品￥300,000を仕入れ，代金のうち￥200,000については同店宛ての小切手を振り出し，残額については全額掛けとして処理していたが，本日，本商品注文時に￥30,000を内金として支払っていたことが判明したため，訂正を行うこととした。なお，この取引から生じた買掛金について，決済は行われていない。

ア．前受金　イ．買掛金　ウ．売掛金　エ．前払金　オ．当座預金　カ．仕入

2．商品￥29,500を売り上げ，代金は他店発行の商品券￥30,000で受け取り，つり銭は現金で支払った。

ア．現金　イ．売上　ウ．売掛金　エ．未収入金　オ．受取商品券　カ．前受金

3．銀行から年利率4％，期間3か月の条件で￥1,000,000を借り入れ，利息を差し引いた残額を現金で受け取った。なお，利息は月割により計算する。

ア．貸付金　イ．借入金　ウ．現金　エ．普通預金　オ．支払利息　カ．受取利息

4．家具販売業を営む大阪家具店は，販売用の机10台を@￥20,000で京都商店から購入し，代金は翌月払いとした。そのさいの引取運賃￥15,000は，現金で支払った。

ア．備品　イ．買掛金　ウ．発送費　エ．現金　オ．未払金　カ．仕入

5．愛知商店は，さきに注文しておいた商品￥500,000を受け取った。なお，代金のうち2割に相当する額は内金として支払っており，残額は小切手を振り出して支払った。

ア．仕入　イ．未払金　ウ．前受金　エ．前払金　オ．当座預金　カ．現金

6．小切手を振り出して当座預金口座より現金￥50,000を引き出した。

ア．資本金　イ．現金　ウ．普通預金　エ．当座預金　オ．買掛金　カ．借入金

7．期首にあたり，前期末に計上した当座借越￥260,000を当座預金勘定へ振り戻した。

ア．当座預金　イ．当座借越　ウ．売掛金　エ．売上　オ．買掛金　カ．損益

8．仕入先に対する先月分の掛け代金￥880,000が普通預金口座から決済された。

ア．普通預金　イ．仕入　ウ．買掛金　エ．当座預金　オ．未払金　カ．売掛金

9．電子記録債務￥200,000が決済され，同額が当座預金口座より引き落とされた。

ア．電子記録債務　イ．電子記録債権　ウ．当座預金　エ．買掛金　オ．売掛金　カ．普通預金

10．得意先が倒産し，同社に対する売掛金￥140,000（前期販売分）が貸倒れとなったので，貸倒れの処理を行う。ただし，貸倒引当金の残高は￥120,000である。

ア．貸倒引当金繰入　イ．貸倒引当金　ウ．雑損　エ．損益　オ．貸倒損失　カ．売掛金

11. 弘前商事に商品￥700,000を売り渡し，代金は同社振出しの小切手で受け取った。
　ア．仕入　イ．現金　ウ．売掛金　エ．売上　オ．当座預金　カ．買掛金

12. 従業員が出張から戻り，普通預金口座への内容不明の振込額￥220,000は売掛金の回収であることがわかった。
　ア．普通預金　イ．現金過不足　ウ．売掛金　エ．旅費交通費　オ．仮受金　カ．仮払金

13. 現金の実際有高が￥2,800不足していたので，現金過不足勘定で処理しておいたが，決算日になってもその原因がわからないため適当な勘定で処理した。
　ア．現金　イ．現金過不足　ウ．雑損　エ．雑益　オ．仮払金　カ．仮受金

14. 従業員が出張から帰り，下記領収書を提出したので，普通預金口座から従業員の普通預金口座へ振り込んだ。なお，旅客運賃は従業員が立て替えて支払っている。
　ア．従業員立替金　イ．普通預金　ウ．旅費交通費　エ．立替金　オ．現金　カ．仮払金

領　収　書

実教商事株式会社 殿

￥3,600-

×02年２月15日

但し，旅客運賃として
上記金額を受領致しました。

上州鉄道株式会社　印
榛名駅発行　烏川浩（捺印略）

15. 事務所で使用するエアコンをインターネット注文で購入し，品物とともに下記の領収書を受け取った。代金は支払済みであり仮払金勘定で処理してある。なお，消費税の会計処理は税抜方式による。
　ア．仮払金　イ．仮払消費税　ウ．備品　エ．仕入　オ．仮受消費税　カ．現金

領　収　書

実教商事株式会社 御中

品　物	数量	単　価	金　額
エアコン（配送料・取付工事費込み）	1	￥160,000	￥160,000
	消費税（10%）		￥　16,000
	合　計		￥176,000

上記の合計金額を領収致しました。
×21年１月15日　桜島電気（株）

収入印紙
200円

3 級

第６回簿記検定模擬試験問題用紙

商　業　簿　記

第２問（20点）

問１

　次の資料にもとづいて，答案用紙の備品勘定と備品減価償却累計額勘定に必要な記入をして締め切りなさい。残存価額はゼロで，定額法にもとづき減価償却が行われており，減価償却費は月割計算によって計上する。なお，当社の決算日は毎年３月31日である。

固　定　資　産　台　帳

○4年３月31日現在

取得年月日	用途	期末数量	耐用年数	期首（期中取得）取得原価	期首減価償却累計額	差引期首（期中取得）帳簿価額	当期減価償却費
備　品							
○1年４月１日	備品X	1	10年	100,000	20,000	80,000	(　　)
○2年９月１日	備品Y	3	8年	120,000	8,750	111,250	(　　)
○3年７月１日	備品Z	5	6年	180,000	0	180,000	(　　)
小　計				400,000	28,750	371,250	(　　)

問２

　次の文章の①～⑩にあてはまる最も適切な語句を下記の［語群］から選び，ア～トの記号で答えなさい。

1．前期以前に貸倒れとして処理した売掛金について，当期にその一部を回収したときは，その回収金額を収益勘定である（　①　）勘定で処理する。

2．株式会社が（　②　）を財源として配当を行ったときは，会社法で定められた上限額に達するまでは一定額を（　③　）として積み立てなければならない。

3．主要簿は，仕訳帳と（　④　）である。

4．すでに取得済みの有形（　⑤　）の修理，改良などのために支出した金額のうち，その有形（　⑤　）の使用可能期間を延長または価値を増加させる部分を（　⑥　）という。

5．当期中に生じた（　⑦　）合計から（　⑧　）合計を差し引いて当期純利益（または当期純損失）を求める計算方法を（　⑨　）という。

6．仕訳の内容を勘定口座に記入する手続きを（　⑩　）という。

［語群］

ア　資本金	イ　総勘定元帳	ウ　収益	エ　転記	オ　負債
カ　収益的支出	キ　損益法	ク　貸倒引当金	ケ　精算表	コ　資本的支出
サ　利益準備金	シ　決算	ス　固定資産	セ　財産法	ソ　償却債権取立益
タ　費用	チ　締切り	ツ　受取手数料	テ　繰越利益剰余金	ト　資産

3　級

第6回簿記検定模擬試験問題用紙

商　業　簿　記

第3問（35点）

以下の期末整理事項等によって答案用紙の精算表を完成しなさい。会計期間は○1年4月1日から○2年3月31日までの1年間である。

1．仮払金は，当期に備品を発注したさいに購入代金の一部を頭金として支払ったものである。なお，この備品¥100,000は○2年1月1日に引渡しを受け，すでに使用を始めているが，代金の残額を来月末に支払うこととなっているため，未記帳となっている。
2．前受金は得意先群馬商店から注文を受けたさいに受け取ったものであるが，決算直前に注文品を販売したさいに，誤って全額掛けで販売したものとして処理していることが判明した。
3．受取手形および売掛金の期末残高に対して，実績率により3％の貸倒れを見積もる。貸倒引当金の設定は，差額を補充する方法により行うこと。
4．期末商品の棚卸高は¥180,000である。売上原価は「仕入」の行で計算すること。
5．建物および備品については定額法により減価償却を行う。

　　建　　物　　耐用年数30年　　残存価額：取得原価の10%

　　備　　品　　耐用年数5年　　残存価額：取得原価の10%

　なお，当期に購入した備品についても，従来の備品と同様に定額法で減価償却を行うが，耐用年数は10年，残存価額はゼロで，月割計算による。

6．貸付金は○1年7月1日に得意先に対して貸付期間1年，利率年4％で貸し付けたもので，利息は元金とともに返済期日に受け取ることになっている。当期分の利息の計算は月割計算による。
7．借入金は，○1年10月1日に借入期間1年，利率年3％の条件で借り入れたもので，利息は借入時に全額差し引かれている。当期分の利息の計算は月割計算による。
8．受取家賃は，所有する建物の一部の賃貸によるもので，毎年同額を1月1日に12か月分として受け取っている。

3　級

第7回簿記検定模擬試験問題用紙　　商 業 簿 記

第1問（45点）

次の取引について仕訳しなさい。ただし，勘定科目は各取引の下の勘定項目から最も適当と思われるものを選ぶこと。

1．宮城商店から売掛金の回収として，以前当店が振り出していた小切手￥50,000と，宮城商店が振り出した小切手￥150,000を受け取った。
　ア．売上　　イ．現金　　ウ．買掛金　　エ．売掛金　　オ．当座預金　　カ．普通預金

2．損益勘定の記録によると，当期の収益総額は￥300,000で費用総額は￥260,000であった。この差額を繰越利益剰余金勘定に振り替えた。
　ア．損益　　イ．雑益　　ウ．繰越利益剰余金　　エ．雑損　　オ．資本金　　カ．利益準備金

3．千葉商店へ，さきに注文のあった商品￥300,000を引き渡し，代金のうち￥60,000は注文時に受け取った手付金と相殺し，残りは月末に受け取ることにした。なお，そのさい，発送運賃（当店負担）￥10,000を現金で支払った。
　ア．前受金　　イ．未収入金　　ウ．現金　　エ．売掛金　　オ．発送費　　カ．売上

4．従業員への給料の支払いにあたって，給料総額￥360,000のうち，さきに立替払いしていた従業員の生命保険料￥14,000と，所得税の源泉徴収分￥16,500を差し引き，残額を当座預金口座から従業員の普通預金口座へ振り込んだ。
　ア．給料　　イ．当座預金　　ウ．所得税預り金　　エ．保険料　　オ．普通預金　　カ．従業員立替金

5．福島商事に商品￥360,000を売り上げ，代金のうち￥60,000は共通商品券で受け取り，￥200,000は福島商事振出し，当店宛ての小切手を受け取った。なお，残額は掛けとした。
　ア．買掛金　　イ．仕入　　ウ．現金　　エ．売上　　オ．売掛金　　カ．受取商品券

6．小口現金係から，今月分の支払額の報告があったので小切手を振り出して補給した。なお，当社は定額資金前渡法を採用している。小口現金勘定を用いない方法による。
　　通信費　￥5,800　　消耗品費　￥2,700　　雑費　￥1,100
　ア．普通預金　　イ．当座預金　　ウ．通信費　　エ．消耗品費　　オ．雑費　　カ．現金

7．商品￥250,000を仕入れ，代金のうち￥50,000は注文時に支払った手付金と相殺し，残額は月末に支払うことにした。
　ア．仕入　　イ．前受金　　ウ．前払金　　エ．買掛金　　オ．売掛金　　カ．未払金

8．かねて注文を受けていた商品￥350,000を引き渡し，さきに受け取っていた手付金￥50,000を差し引き，残額は月末に受け取ることにした。また，当店負担の発送運賃￥15,000を現金で支払った。
　ア．前払金　　イ．前受金　　ウ．売掛金　　エ．現金　　オ．売上　　カ．発送費

9．宮城物産に￥3,650,000を貸付け，利息を差し引いた残額を，普通預金口座から同社の当座預金口座に振り込んだ。なお，貸付の年利率は1.4%，貸付期間は90日間であり，利息は1年を365日として日割計算する。
　ア．借入金　　イ．当座預金　　ウ．普通預金　　エ．受取利息　　オ．支払利息　　カ．貸付金

10．店舗を建てる目的で購入した土地について，建設会社に依頼していた整地作業が完了し，その代金￥210,000を普通預金口座より支払った。
　ア．土地　　イ．雑費　　ウ．現金　　エ．普通預金　　オ．損益　　カ．支払手数料

11．郵便局において収入印紙￥4,000と郵便切手￥4,200を購入し，代金は現金で支払った。
　ア．租税公課　　イ．雑費　　ウ．通信費　　エ．現金　　オ．仕入　　カ．消耗品費

12．丹後商店に対する1か月分の売上（月末締切，翌月20日払い）を集計し，下記の請求書を発送した。なお，丹後商店に対する売上は商品発送時ではなく1か月分をまとめて計上することとしている。
　ア．売上　　イ．買掛金　　ウ．消耗品費　　エ．売掛金　　オ．雑費　　カ．普通預金

請　求　書

丹後商店 御中

×21年6月1日
日商商事（株）

品　物	数量	単　価	金　額
フェイスタオル5枚セット	10	￥2,200	￥22,000
バスタオル2枚セット	5	￥2,800	￥14,000
ハンカチタオル6枚セット	5	￥2,400	￥12,000
	合　計		￥48,000

×21年6月20日までに下記口座へお振込み下さい。
千代田銀行五番町支店　普通　123455　ニッショウハナコ

13．山陰商事株式会社に商品￥880,000（消費税￥80,000を含む）を売り渡し，代金として下記のとおり小切手を受け取った。なお，消費税は税抜方式により記帳する。
　ア．仮払消費税　　イ．当座預金　　ウ．現金　　エ．仮受消費税　　オ．売掛金　　カ．売上

小　切　手
支払地　大山銀行出雲支店
￥880,000-

振出日　×21年5月23日
振出人　山陰商事株式会社
　　　　代表取締役 出雲太郎 印

14. 出張にあたり概算額として現金¥40,000を支払っていた従業員が帰社し，下記の領収書等とともに残額を現金で受け取った。なお，¥3,000以下の領収書の提出は不要としている。
ア．雑費　イ．旅費交通費　ウ．従業員立替金　エ．仮払金　オ．現金　カ．前払金

領　収　書
運賃（往復）　¥29,500
上記のとおり領収いたしました。
×03年８月30日
瀬戸内鉄道（株）

領　収　書
¥8,800
宿泊費，ただし，シングル1名，
食事2食付
×03年８月30日
ホテルツバメの杜　印

旅費交通費等報告書
実教一郎

移動先	手段等	領収書	金　額
大阪－博多（往復）	新幹線	(有)　無	¥29,500
博多駅－天神商店(往復)	タクシー	有　(無)	¥ 1,400
ホテルツバメの杜	宿泊	(有)　無	¥ 8,800
	合　計		¥39,700

15. 当社の普通預金口座から法人税を納付し，以下の領収証書を受け取った。
ア．法人税,住民税及び事業税　イ．未払法人税等　ウ．仮払法人税等　エ．普通預金
オ．租税公課　カ．当座預金

領　収　証　書

科目　法人税
住所　東京都千代田区五番町－５
氏名　実教商事株式会社

本税	¥430,000
重加算税	
…	
…	
合計額	¥430,000

納期等の区分　自×20年４月１日　至×21年３月31日
(中間申告)　確定申告

収納印
×20.11.20
千代田銀行

第2問（20点）

問1

浜松商店における，11月中の商品売買および代金決済に関する取引は次のとおりである。これらの取引にもとづいて，(1)当座預金出納帳に必要な記入を行い，(2)買掛金明細表を完成し，(3)売掛金勘定月末残高を答えなさい。なお，同店は，借越限度額を¥200,000とする当座借越契約を取引銀行と結んでいる。

11月1日　前月繰越高：売掛金¥300,000　買掛金¥400,000
　4日　大垣商店からA商品¥450,000を仕入れ，代金のうち半額は小切手を振り出し，残額は掛けとした。
　8日　知立商店からB商品¥430,000を仕入れ，代金は掛けとした。
　11日　先月分の商品代金（一部）の支払いとして，大垣商店に¥150,000，知立商店に¥200,000の小切手を振り出して支払った。
　16日　先月販売の商品代金（一部）¥250,000を小切手で回収し，直ちに当座預金に預け入れた。
　18日　得意先にA商品¥487,500（原価¥400,000）を売り上げ，代金は得意先振出しの小切手で受け取った。
　21日　18日に受け取った小切手を，取引銀行に当座預金として預け入れた。
　27日　得意先にB商品¥470,000（原価¥386,000）を売り上げ，代金のうち半額は得意先振出しの小切手で受け取り，残額は掛けとした。

問2

当社（当期は×1年4月1日から×2年3月31日まで）における手数料の支払いが生じた取引および決算整理事項にもとづいて，答案用紙の支払手数料勘定と前払手数料勘定に必要な記入をして締め切りなさい。なお，勘定記入にあたっては，日付，摘要および金額を（　　）内に取引日順に記入すること。ただし，摘要欄に記入する語句は［語群］から最も適当と思われるものを選び，記号で答えなさい。

7月11日　未払金¥140,000を普通預金口座から支払った。そのさいに，振込手数料¥600が同口座から差し引かれた。
10月26日　倉庫の建設に供するための土地¥2,400,000を購入し，代金は小切手を振り出して支払った。なお，仲介手数料¥30,000は不動産会社に現金で支払った。
3月1日　向こう6か月分の調査手数料¥120,000（1か月当たり¥20,000）を現金で支払い，その全額を支払手数料勘定で処理した。
3月31日　3月1日に支払った手数料のうち前払分を月割で計上する。

［語群］

ア　現　金	イ　普通預金	ウ　当座預金	エ　前払手数料	オ　土　地
カ　未払金	キ　支払手数料	ク　諸　口	ケ　次期繰越	コ　損　益

3　級

第7回簿記検定模擬試験問題用紙

商　業　簿　記

第3問（35点）

以下に示した1）決算日（3月31日）までに判明した未処理の事項および2）決算整理事項にもとづいて，精算表を作成しなさい。なお，売上原価は仕入の行で求めること。

1）決算日までに判明した未処理の事項

(1)　得意先長野商店から振り込まれた当座預金口座への振込額￥150,000は受取手形の回収にともなうものであったが，売掛金の入金として誤って処理されていたことが判明した。

(2)　仮払金は修繕費を概算払いしたものである。決算日に至り修繕の完了が確認され，残額￥12,000が返金されていたが，未記帳であることが判明した。

(3)　前受金は栃木商店より受け取ったものであり，これに関する商品売上取引はすでに完了していたが，売上は未計上であることが判明した。

(4)　出張中の社員から受け取った仮受金は，得意先山梨商店からの売掛金の回収であることが判明した。

2）決算整理事項

(1)　決算日に至り，現金過不足のうち￥4,000は受取手数料の記入もれであることが判明したが，残額については原因不明であったので雑益として処理をした。

(2)　期末商品棚卸高　￥224,000

(3)　受取手形と売掛金の期末残高に対して実績率により5％の貸倒引当金を設定する。引当金の設定は差額を補充する方法による。

(4)　建物および備品に対して定額法により減価償却を行う。残存価額はともに取得原価の10%とし，耐用年数は建物25年，備品は6年である。

(5)　受取手数料の前受額が￥6,000ある。

(6)　給料の未払額が￥50,000ある。

(7)　保険料の前払額が￥8,000ある。

(8)　支払利息￥10,000は，すべて借入額（前期より変動はない）に対する当期の11月末日（利払日）までの利息であり，12月1日より年利率は1.2%に改定となった。利払いは半年ごとに行うため，次の利払日は5月末日である。よって，経過期間に対する利息の未払高を月割計上する。

3　級

第8回簿記検定模擬試験問題用紙

商　業　簿　記

第1問（45点）

次の取引について仕訳しなさい。ただし，勘定科目は各取引の下の勘定項目から最も適当と思われるものを選ぶこと。

1．得意先山梨商店より注文のあった商品￥300,000（原価￥240,000）を発送し，代金のうち￥60,000は，同店より注文を受けたときに受け取っていた手付金と相殺し，残額は月末に受け取ることにした。なお，当店負担の送料￥4,000は運送業者に現金で支払った。

ア．発送費　イ．売掛金　ウ．売上　エ．現金　オ．前受金　カ．未収入金

2．仕入先栃木商店に対する買掛金￥400,000の支払いのため，当店振出し，栃木商店宛ての小切手を振り出した。

ア．売掛金　イ．買掛金　ウ．仕入　エ．売上　オ．当座預金　カ．現金

3．新店舗建設用の土地200m²を１m²あたり￥20,000で購入し，仲介手数料￥100,000，登記料￥60,000および売買契約書の印紙代￥5,000（この印紙代は費用処理する）とともに代金は小切手を振り出して支払った。

ア．土地　イ．現金　ウ．当座預金　エ．普通預金　オ．租税公課　カ．支払手数料

4．取引先仙台商店から，貸付期間５か月，年利率５％の条件で￥3,000,000の貸付けを依頼されたため，利息分を差し引いて残額を現金で渡した。なお，利息は月割により計算する。

ア．受取利息　イ．現金　ウ．当座預金　エ．貸付金　オ．借入金　カ．支払利息

5．従業員の出張費用として￥100,000を現金で概算払いしていたが，この従業員が出張先から戻り，新幹線の切符代￥70,000と宿泊料￥20,000を差し引いた残額を現金で受け取った。

ア．前払金　イ．仮払金　ウ．旅費交通費　エ．現金　オ．受取手数料　カ．未払金

6．建物の賃借契約を解除し，契約時に支払った敷金￥200,000について，修繕費￥120,000を差し引いた￥80,000が普通預金口座に振り込まれた。

ア．普通預金　イ．前払金　ウ．差入保証金　エ．修繕費　オ．雑損　カ．損益

7．先月に購入契約を結んだ建物￥6,000,000と土地￥10,000,000について，本日その引き渡しを受けたので，購入代金のうち￥1,600,000は契約時に仮払金勘定で処理していた手付金と相殺し，残額は当座預金口座から振り込んだ。

ア．仮払金　イ．当座預金　ウ．前払金　エ．建物　オ．土地　カ．買掛金

8．従業員の出張にさいし，旅費交通費の概算額￥30,000を現金で渡した。

ア．旅費交通費　イ．仮払金　ウ．現金　エ．従業員貸付金　オ．前払金　カ．未払金

9．かねて高松商店に売り上げていた商品￥130,000について，不良品が見つかり返品を受けたので掛け代金から差し引くことにした。

ア．仕入　イ．売上　ウ．売掛金　エ．買掛金　オ．現金　カ．雑費

10. 薩摩銀行の普通預金口座から￥300,000を，大隅銀行の普通預金口座にATM（現金自動預け払い機）を利用して振り込んだ。そのさい，手数料￥200が普通預金口座から差し引かれた。なお，口座の種類と銀行名を組み合わせた勘定科目で処理すること。

ア．普通預金　イ．普通預金薩摩銀行　ウ．普通預金大隅銀行　エ．支払手数料　オ．受取手数料　カ．当座預金

11. 所得税の源泉徴収額￥20,000を普通預金口座より納付した。

ア．仮受金　イ．所得税預り金　ウ．普通預金　エ．前受金　オ．租税公課　カ．当座預金

12. 従業員が出張から戻り，旅費に関する領収書￥19,000を受け取ったので，従業員には同額を後日支払うこととし未払金勘定で処理した。

ア．旅費交通費　イ．未払金　ウ．従業員立替金　エ．仮受金　オ．仮払金　カ．未収入金

13. 商品￥23,000を売り渡し，代金のうち￥20,000は地元商工会議所発行の商品券で受け取り，残額は現金で受け取った。

ア．売上　イ．売掛金　ウ．仕入　エ．受取商品券　オ．現金　カ．買掛金

14. 確定申告を行い，当社の普通預金口座から法人税を納付し，以下の領収証書を受け取った。

ア．法人税,住民税及び事業税　イ．租税公課　ウ．未払法人税等　エ．普通預金
オ．仮払法人税等　カ．当座預金

領 収 証 書

科目　法人税	本税	￥890,000	納期等の区分	自×21年4月1日　至×22年3月31日
	重加算税			
	…			
	…			中間申告　（確定申告）
住所　東京都千代田区五番町－5	合計額	￥890,000		
氏名　実教商事株式会社				

収納印
×22. 5 .30
千代田銀行

15. 確定申告を行い，当社の普通預金口座から消費税を納付し，以下の領収済通知書を受け取った。

ア．法人税,住民税及び事業税　イ．租税公課　ウ．未払法人税等　エ．普通預金
オ．未払消費税　カ．当座預金

領 収 済 通 知 書

科目　消費税及び地方消費税	本税	￥280,000	納期等の区分	自×21年4月1日　至×22年3月31日
	重加算税			
	…			
	…			中間申告　（確定申告）
住所　東京都千代田区五番町－5	合計額	￥280,000		
氏名　実教商事株式会社				

収納印
×22. 5 .25
千代田銀行

第2問（20点）

問1

下記の［資料］にもとづいて，当期（×3年4月1日から×4年3月31日）について，各勘定の空欄にあてはまる語句または金額を答えなさい。空欄は，（日付）［適用］〈金額〉の順である。［適用］の勘定科目等は，下記の［語群］から選び，ア～コの記号で答えなさい。なお，勘定科目等はこの設問の中で複数回使用してよい。入出金はすべて普通預金とする。

［語群］

ア 普通預金	イ 仮払法人税等	ウ 未払法人税等	エ 繰越利益剰余金	オ 租税公課
カ 法人税等	キ 損益	ク 前期繰越	ケ 次期繰越	コ 諸口

［資料］

5月25日　前期（×2年4月1日から×3年3月31日）の法人税等について確定申告を行うと同時に納付を行った。なお，前期に計上した法人税等は¥384,000（うち前期に中間納付したのは¥224,000）であり，確定申告による金額と差異は生じていない。

11月20日　前期の法人税等の金額の50％を中間納付した。

3月31日　法人税等を控除する前の利益に対して30％を法人税等として計上した。なお，「その他費用」は，売上原価と法人税等の2つの勘定以外の費用をまとめたものである。

問2

次のJ商品の取引等について，商品有高帳の空欄に適切な数値を記入しなさい。なお，J商品の払出単価の決定方法として移動平均法を用いている。また，仕入戻しがあった場合は払出欄，売上戻りがあった場合は受入欄にそれぞれ記入すること。摘要欄には記入しなくてもよい。

10月1日　J商品の月初有高は¥60,000（単価¥1,500×40個）であった。

10月12日　J商品を単価¥1,590で560個仕入れた。

10月18日　J商品を単価¥1,800で500個売り上げた。

10月23日　J商品を単価¥1,544で400個仕入れた。

10月27日　J商品のうち100個品違いであったことが判明し，返品した。

3　級

第８回簿記検定模擬試験問題用紙

商　業　簿　記

第３問（35点）

当社（会計期間は20×8年４月１日から20×9年３月31日までの１年間）の⑴決算整理前残高試算表および⑵決算整理事項等にもとづいて，下記の設問に答えなさい。なお，出題の便宜上，解答に影響しない費用は「その他の費用」に合計額を示している。

⑴　決算整理前残高試算表

借　方	勘　定　科　目	貸　方
381,400	現　　　　金	
2,923,500	普　通　預　金	
3,785,000	売　　掛　　金	
1,343,600	仮　払　消　費　税	
2,143,000	繰　越　商　品	
1,800,000	備　　　　品	
	買　　掛　　金	1,790,000
	仮　受　消　費　税	2,080,000
	貸　倒　引　当　金	1,500
	借　　入　　金	2,000,000
	備品減価償却累計額	120,000
	資　　本　　金	2,000,000
	繰越利益剰余金	1,900,000
	売　　　　上	26,000,000
13,750,000	仕　　　　入	
2,600,000	支　払　家　賃	
195,000	租　税　公　課	
6,970,000	そ　の　他　の　費　用	
35,891,500		35,891,500

⑵　決算整理事項等

1．現金の手許有高は￥382,700である。なお，帳簿残高との差異の原因は不明であるため，適切に処理する。
2．売掛金の期末残高に対して２％の貸倒れを見積もる。貸倒引当金の設定は差額補充法による。
3．期末商品棚卸高は￥2,261,000である。
4．備品について，定額法（耐用年数10年，残存価額ゼロ）により減価償却を行う。
5．購入時に費用処理した収入印紙の未使用高が￥25,000あるため，貯蔵品へ振り替える。
6．消費税（税抜方式）の処理を行う。
7．⑴の支払家賃の残高は13か月分であるため，１か月分を前払い計上する。
8．借入金は20×8年12月１日に期間１年，利率年３％，利息は元本返済時に支払う条件で借り入れたものである。当期末までの利息を月割りにより未払い計上する。
9．未払法人税等￥800,000を計上する。

設問

問１　答案用紙の決算整理後残高試算表を完成しなさい。

問２　当期純利益または当期純損失の金額を答えなさい。なお，当期純損失の場合は金額の頭に△を付すこと。

3　級

第９回簿記検定模擬試験問題用紙

商　業　簿　記

第１問（45点）

次の取引について仕訳しなさい。ただし，勘定科目は各取引の下の勘定科目から最も適当と思われるものを選ぶこと。

1．北海道商事から売掛金¥280,000を当店振出しの小切手で受け取った。
　ア．現金　イ．買掛金　ウ．受取商品券　エ．普通預金　オ．当座預金　カ．売掛金

2．札幌商事から商品¥55,000を仕入れ，代金は掛けとした。
　ア．仕入　イ．未払金　ウ．現金　エ．当座預金　オ．買掛金　カ．売掛金

3．函館商事に対する買掛金¥310,000が普通預金口座から決済された。
　ア．売掛金　イ．売上　ウ．普通預金　エ．当座預金　オ．仕入　カ．買掛金

4．商品¥100,000をクレジット払いで売り渡した。なお，売上代金の４％をクレジット会社への手数料として計上した。
　ア．クレジット売掛金　イ．支払手数料　ウ．受取手数料　エ．支払利息　オ．売上　カ．雑費

5．盛岡商事に対する買掛金¥310,000について，電子記録債務の発生記録を請求した。
　ア．電子記録債務　イ．未払金　ウ．電子記録債権　エ．買掛金　オ．未収入金　カ．売掛金

6．銀行から¥3,500,000を借り入れ，利息を差し引いた残額が当座預金に振り込まれた。なお，借入れの年利率は1.2%，借入期間は146日間であり，利息は１年を365日として日割計算する。
　ア．借入金　イ．貸付金　ウ．普通預金　エ．受取利息　オ．支払利息　カ．当座預金

7．従業員のために現金¥10,000を立て替えて支払った。
　ア．従業員立替金　イ．差入保証金　ウ．現金　エ．仮受金　オ．仮払金　カ．前受金

8．商品¥200,000を仕入れ，代金のうち¥50,000は注文時に支払った手付金と相殺し，残額は月末に支払うことにした。なお，当社負担の引取運賃¥3,500は現金で支払った。
　ア．前受金　イ．前払金　ウ．仕入　エ．仮払金　オ．買掛金　カ．現金

9．事務用のパソコン¥150,000を購入し，代金は発送運賃¥2,000を含め来月末に支払うことにした。
　ア．未払金　イ．仮払金　ウ．買掛金　エ．商品　オ．備品　カ．発送費

10．商品¥22,000を売り渡し，代金のうち¥20,000は共通商品券で受け取り，残額は現金で受け取った。
　ア．受取商品券　イ．売掛金　ウ．現金　エ．売上　オ．クレジット売掛金　カ．受取利息

11．日商商事株式会社は，決算にあたり当期純利益¥900,000を計上した。
　ア．資本金　イ．売上　ウ．損益　エ．利益準備金　オ．繰越利益剰余金　カ．雑益

12. 確定申告を行い，未払法人税等￥740,000を当座預金口座より納付した。
　ア．租税公課　イ．当座預金　ウ．法人税,住民税及び事業税　エ．未払法人税等
　オ．繰越利益剰余金　カ．損益

13. 商品￥130,000を売り渡し，代金は消費税（10%）を含め掛けとした。なお，消費税の会計処理は税抜方式による。
　ア．租税公課　イ．仮払消費税　ウ．買掛金　エ．仮受消費税　オ．売上　カ．売掛金

14. 前期に貸倒れとして処理した売掛金のうち￥50,000を現金で回収した。
　ア．貸倒引当金　イ．売掛金　ウ．現金　エ．償却債権取立益　オ．雑益　カ．貸倒損失

15. 商品￥200,000を売り上げ，代金のうち￥80,000は現金で受け取り残額は掛けとした取引について，入金伝票を次のように作成したとき，振替伝票に記入される仕訳を答えなさい。なお，3伝票制を採用している。
　ア．現金　イ．売掛金　ウ．売上　エ．商品　オ．買掛金　カ．仕入

入金伝票	
科目	金額
売掛金	80,000

第9回簿記検定模擬試験問題用紙

第2問（20点）

問1

次の資料にもとづいて，当期（×3年4月1日から×4年3月31日）における答案用紙の損益勘定，繰越利益剰余金勘定，仮払法人税等勘定の空欄にあてはまる適切な語句または金額を答えなさい。なお，勘定科目は下記の［語群］から適切な科目を選択し，記号で記入しなさい。

［語群］
ア 前期繰越　イ 次期繰越　ウ 損益　エ 普通預金
オ 仮払法人税等　カ 未払法人税等　キ 資本金　ク 利益準備金
ケ 繰越利益剰余金　コ 法人税等

［資料］

×3年6月25日　株主総会において，繰越利益剰余金から次のように処分することが決議された。
　　株主配当金　¥100,000　　配当に伴う利益準備金　¥10,000

6月28日　株主配当金¥100,000を普通預金口座より支払った。

×4年3月31日　決算をむかえ，法人税等を控除する前の利益に対して30%を法人税等として計上した。

5月25日　前期の法人税等について，確定申告とともに納付した。

問2

沖縄株式会社の11月中の買掛金に関する取引の勘定記録は以下のとおりである。下記勘定の空欄のうち，A～Eには次に示した［語群］の中から適切な語句を選択し，記号で記入するとともに，①～⑤には適切な金額を記入しなさい。なお，仕入先は下記の２社のみとし，各勘定は毎月末に締め切っている。

［語群］
ア 前月繰越　イ 次月繰越　ウ 現金　エ 普通預金
オ 仕入　カ 買掛金　キ 当座預金

総勘定元帳

買掛金

日付	摘要	金額	日付	摘要	金額
11/ 9	仕入	（ ① ）	11/ 1	前月繰越	165,000
15	（ A ）	165,000	8	（ D ）	（ ③ ）
（ ）	仕入	（ ）	（ ）	（ ）	410,000
25	（ B ）	（ ② ）			
30	（ C ）	147,000			
		（ ）			（ ）

買掛金元帳

四国会社

日付	摘要	金額	日付	摘要	金額
11/22	（ ）	（ ）	11/ 1	（ ）	105,000
25	普通預金払い	462,500	21	仕入れ	（ ）
30	（ ）	（ ④ ）			
		515,000			515,000

九州会社

日付	摘要	金額	日付	摘要	金額
11/ 9	返品	（ ⑤ ）	11/ 1	（ E ）	（ ）
15	現金払い	（ ）	8	仕入れ	209,000
30	（ ）	99,000			
		269,000			269,000

3　級

第９回簿記検定模擬試験問題用紙

商　業　簿　記

第３問（35点）

次の(1)決算整理前残高試算表および(2)決算整理事項等にもとづいて，答案用紙の貸借対照表および損益計算書を完成しなさい。なお，会計期間は×3年４月１日から×4年３月31日までの１年間である。なお，消費税の仮受け・仮払いは商品売買取引のみで行うものとする。

⑴　決算整理前残高試算表

決算整理前残高試算表

借　方	勘定科目	貸　方
248,700	現金	
673,000	普通預金	
610,000	売掛金	
510,000	仮払消費税	
352,000	繰越商品	
1,758,000	建物	
480,000	備品	
540,000	車両運搬具	
1,600,000	土地	
	買掛金	504,000
	借入金	1,200,000
	仮受金	220,000
	仮受消費税	811,500
	所得税預り金	14,400
	貸倒引当金	2,400
	建物減価償却累計額	293,000
	備品減価償却累計額	120,000
	車両運搬具減価償却累計額	180,000
	資本金	2,350,000
	繰越利益剰余金	406,400
	売上	8,115,000
5,100,000	仕入	
1,760,000	給料	
160,000	法定福利費	
48,000	支払手数料	
120,000	租税公課	
57,000	支払利息	
200,000	その他費用	
14,216,700		14,216,700

⑵　決算整理事項等

1．当期の３月末にすべての車両運搬具を￥220,000で売却したが，その際，以下のように記帳処理していた。決算にあたり適切に修正する。なお，車両運搬具は定額法（耐用年数６年，残存価額ゼロ）により減価償却を行う。

（借）現金　220,000　（貸）仮受金　220,000

2．売掛金の期末残高に対して１％の貸倒引当金を差額補充法により設定する。

3．期末商品棚卸高は￥340,000である。

4．有形固定資産について，それぞれ定額法により減価償却を行う。

建物：残存価額ゼロ　耐用年数30年

備品：残存価額ゼロ　耐用年数５年

なお，備品￥480,000のうち￥180,000は当期の８月１日に購入したものであり，減価償却費は月割で計算する。

5．消費税（税抜方式）の処理を行う。

6．社会保険料の当社負担分￥8,000を未払計上する。

7．借入金は当期の11月１日に期間1年，利率年３％で借り入れたものであり，借入時にすべての利息が差し引かれた金額を受け取っている。利息について月割により適切に処理する。

8．未払法人税等￥130,000を計上する。なお，当期に中間納付はしていない。

3　級

第10回簿記検定模擬試験問題用紙

商　業　簿　記

第1問（45点）

次の取引について仕訳しなさい。ただし，勘定科目は各取引の下の勘定科目から最も適当と思われるものを選ぶこと。

1．現金の実際有高が帳簿残高より¥1,000多かったので，現金過不足勘定で処理しておいたが，原因を調査したところ受取手数料¥6,200と記入すべきところを¥5,200と記帳していることが判明した。
　ア．現金　イ．支払手数料　ウ．雑損　エ．受取手数料　オ．雑益　カ．現金過不足

2．普通預金口座より現金¥50,000を引き出した。
　ア．現金　イ．当座預金　ウ．普通預金　エ．資本金　オ．繰越利益剰余金　カ．支払手数料

3．帯広商事に商品¥153,000を売り渡し，代金は掛けとした。なお，発送運賃（当社負担）¥2,500は現金で支払った。
　ア．現金　イ．売掛金　ウ．買掛金　エ．仕入　オ．発送費　カ．売上

4．電子記録債務¥240,000が支払期日になり，当座預金口座から決済された。
　ア．当座預金　イ．普通預金　ウ．電子記録債権　エ．売掛金　オ．電子記録債務　カ．買掛金

5．運転資金の不足を補うために，役員のA氏から一時的に現金¥1,000,000を借り入れ，借用証書を差し入れた。
　ア．現金　イ．貸付金　ウ．立替金　エ．役員貸付金　オ．借入金　カ．役員借入金

6．貸付金¥1,000,000が満期日になったので，元利合計が普通預金口座に振り込まれた。なお，貸付けの年利率は1.5%，貸付期間は6か月である。
　ア．当座預金　イ．普通預金　ウ．貸付金　エ．借入金　オ．支払利息　カ．受取利息

7．従業員から預かった健康保険料¥12,000と厚生年金保険料¥15,000に，会社の負担額（従業員から預かった額と同額）を加え，普通預金口座より納付した。
　ア．当座預金　イ．普通預金　ウ．所得税預り金　エ．社会保険料預り金　オ．法定福利費
　カ．保険料

8．営業所の建物の賃借にあたり，不動産会社に敷金¥200,000，手数料¥100,000，1か月分の家賃¥200,000の総額¥500,000を普通預金口座より支払った。
　ア．普通預金　イ．差入保証金　ウ．受取家賃　エ．受取手数料　オ．支払家賃
　カ．支払手数料

9．従業員が出張から戻り，普通預金口座への内容不明の振込額¥220,000は売掛金の回収であることがわかった。
　ア．普通預金　イ．売掛金　ウ．仮払金　エ．買掛金　オ．仮受金　カ．旅費交通費

10. 店舗の改修と修繕を行い，代金¥1,560,000を普通預金口座より支払った。なお，支出額のうち¥360,000はもとの状態を維持するための支出（収益的支出）であり，残額は店舗の価値を高めるための支出（資本的支出）である。
ア．普通預金　イ．建物　ウ．前払金　エ．仮払金　オ．資本金　カ．修繕費

11. 法人税等の中間申告を行い，¥660,000を当座預金口座より納付した。
ア．普通預金　イ．当座預金　ウ．仮払法人税等　エ．未払法人税等　オ．租税公課
カ．法人税,住民税及び事業税

12. 前期末に費用勘定から貯蔵品勘定へ振り替えていた，収入印紙¥1,000と郵便切手¥840について，適切な勘定に振り戻した。
ア．貯蔵品　イ．旅費交通費　ウ．通信費　エ．消耗品費　オ．租税公課　カ．雑費

13. 当期に発生した売掛金¥75,000が回収不能となった。
ア．売掛金　イ．貸倒引当金　ウ．貸倒損失　エ．貸倒引当金繰入　オ．貸倒引当金戻入
カ．雑損

14. １日分の売上の仕訳を行うにあたり，集計結果は次のとおりであった。なお，売上はすべてクレジットによるものである。クレジット会社への手数料（販売代価の５％）も計上する。また，消費税は税抜方式により処理する。
ア．売掛金　イ．クレジット売掛金　ウ．仮払消費税　エ．仮受消費税　オ．売上
カ．支払手数料

売 上 集 計 表

×21年６月21日

商　品　名	数	単　価	金　額
加湿器（スチーム式）	8	¥ 2,500	¥ 20,000
空気清浄機	5	¥24,000	¥120,000
		消 費 税	¥ 14,000
		合　計	¥154,000

15. 商品¥60,000を仕入れ，代金のうち¥10,000は現金で支払い，残額は掛けとした取引について，出金伝票を次のように作成したとき，振替伝票に記入される仕訳を答えなさい。なお，３伝票制を採用している。
ア．現金　イ．売掛金　ウ．買掛金　エ．売上　オ．仕入　カ．損益

出 金 伝 票

科　目	金　額
仕　入	10,000

第2問（20点）

問1

下記の資料Ⅰおよび資料Ⅱにもとづいて，当期（×6年4月1日から×7年3月31日）における答案用紙の諸勘定の（　　）にあてはまる適切な語句または金額を答えなさい。語句は下記の［語群］から適切な科目を選択し，記号で記入しなさい。なお，減価償却は各備品とも残存価額はゼロとし，定額法により月割計算で行っている。

［語群］　ア 前期繰越　イ 次期繰越　ウ 損益　エ 普通預金
オ 備品　カ 備品減価償却累計額　キ 減価償却費　ク 固定資産売却損
ケ 固定資産売却益　コ 諸口

［資料Ⅰ］固定資産台帳（一部）

固　定　資　産　台　帳　　　×7年3月31日現在

取得年月日	名称	数量	耐用年数	取得原価	期首減価償却累計額	当期減価償却費
備品						
×1年4月5日	備品A	1	6年	270,000	(　　　)	(　　　)
×3年4月1日	備品B	1	5年	180,000	(　　　)	(　　　)
×6年9月1日	備品C	1	5年	150,000	(　　　)	(　　　)

［資料Ⅱ］

1．備品Aは当期に耐用年数を迎えるが来期以降も使用するため，当期は帳簿価額が1円になるように減価償却を行う。

2．備品Bは当期の8月31日に¥35,000で売却し現金で受け取っていたが，固定資産台帳には未記帳である。

3．備品Cは当期に購入したものである。

問2

北海道株式会社（決算年1回，3月31日）における次の取引にもとづいて，支払利息勘定と未払利息勘定の空欄のうち，A～Bには次に示した［語群］の中から適切な語句を選択し，記号で記入するとともに，①～③には適切な金額を記入しなさい。なお，利息の計算はすべて月割計算とする。

4月1日　取引先から¥2,400,000（利率2％，期間1年，利払日は9月と3月の各末日）を借り入れ，同額が当座預金口座に振り込まれた。

9月30日　取引先からの借入金について，利息を普通預金口座から支払った。

12月1日　銀行から¥4,000,000（利率1.5％，期間1年）を借り入れ，同額が当座預金口座に振り込まれた。なお，利息は元本返済時に一括で支払う契約である。

3月31日　取引先からの借入金について，利息を普通預金口座から支払った。銀行からの借入金について，未払分の利息を計上した。

［語群］　ア 前期繰越　イ 次期繰越　ウ 当座預金　エ 普通預金
オ 借入金　カ 未払利息　キ 支払利息　ク 損益

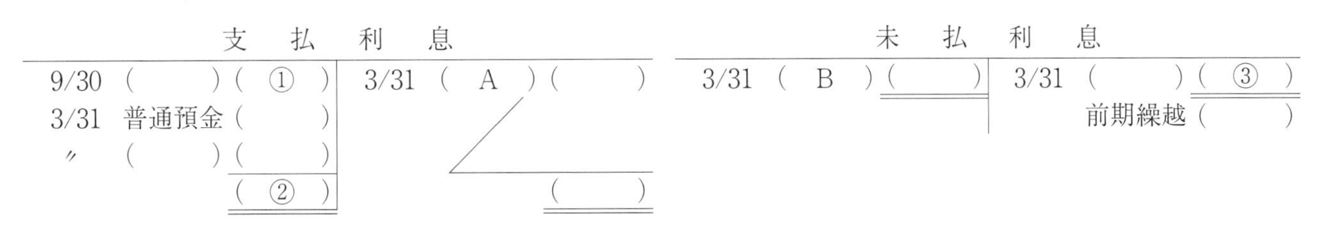

支　払　利　息

9/30	(　　)	(　①　)	3/31	(　A　)	(　　　)
3/31	普通預金	(　　　)			
〃	(　　)	(　　　)			
		(　②　)			(　　　)

未　払　利　息

3/31	(　B　)	(　　　)	3/31	(　　)	(　③　)
				前期繰越	(　　　)

3級

第10回簿記検定模擬試験問題用紙

商業簿記

第3問（35点）

次の(1)決算整理前残高試算表および(2)決算整理事項等にもとづいて，答案用紙の貸借対照表および損益計算書を完成しなさい。なお，会計期間は×3年4月1日から×4年3月31日までの1年間である。なお，消費税の仮受け・仮払いは商品売買取引のみで行うものとする。

(1) 決算整理前残高試算表

決算整理前残高試算表（単位：円）

借方	勘定科目	貸方
220,000	現金	
868,800	普通預金	
350,000	受取手形	
1,300,000	売掛金	
535,000	仮払消費税	
331,000	繰越商品	
500,000	貸付金	
156,000	仮払金	
5,500,000	建物	
620,000	備品	
3,300,000	土地	
	買掛金	1,480,000
	所得税預り金	13,000
	仮受消費税	892,000
	貸倒引当金	4,400
	建物減価償却累計額	660,000
	備品減価償却累計額	372,000
	資本金	8,000,000
	繰越利益剰余金	837,600
	売上	8,920,000
5,350,000	仕入	
1,750,000	給料	
263,000	水道光熱費	
47,000	通信費	
86,000	租税公課	
2,200	消耗品費	
21,179,000		21,179,000

(2) 決算整理事項等

1．仮払金は全額備品の購入金額であることが判明した。なお，備品は当期の2月1日に引渡しを受けすぐに使用を始めた。

2．売掛金のうち¥80,000はすでに当店の普通預金口座に振り込まれていることが判明した。

3．現金の実際有高は¥222,000であったが，帳簿残高との差額は不明であるため雑損または雑益として処理する。

4．期末商品棚卸高は¥340,000である。

5．受取手形および売掛金の期末残高に対して2％の貸倒引当金を差額補充法により設定する。

6．有形固定資産について，次のとおり定額法により減価償却を行う。

　建物：残存価額は取得原価の10％
　　　　耐用年数30年
　備品：残存価額ゼロ　耐用年数5年
　なお，2月1日に使用を始めた備品についても他の備品と同じ条件で減価償却を行うが，減価償却費は月割計算する。

7．消費税（税抜方式）の処理を行う。

8．貸付金は当期の8月1日に貸付期間1年，利率年3％で貸し付けたもので，利息は元金とともに返済時に受け取ることになっている。利息について月割りにより適切に処理する。

9．給料の未払分が¥24,300ある。

10．郵便切手および収入印紙の未使用高は以下のとおりである。

　郵便切手　¥500　　収入印紙　¥3,000

11．未払法人税等¥380,000を計上する。なお，当期に中間納付はしていない。

採点欄	
一問	

3級 商業簿記 第1回簿記検定模擬試験答案用紙

年　組　番 氏名

第1問（45点）

取引	仕		訳	
	借方科目	金額	貸方科目	金額
1				
2				
3				
4				
5				
6				
7				
8				
9				
10				

3級 商業簿記 第1回簿記検定模擬試験答案用紙

採点欄	
二問	

年　組　番 氏名

取引	仕		訳	
	借方科目	金額	貸方科目	金額
11				
12				
13				
14				
15				

第2問（20点）

問1

(ア)	(イ)	(ウ)	(エ)	(オ)

問2

①	②	③	④	⑤
⑥	⑦	⑧	⑨	⑩

採点欄
三問

3級 商業簿記 第1回簿記検定模擬試験答案用紙

年　組　番　氏名

第3問（35点）

精　算　表

勘定科目	試算表		整理記入		損益計算書		貸借対照表	
	借方	貸方	借方	貸方	借方	貸方	借方	貸方
現金	66,000						66,000	
当座預金							194,000	
受取手形	80,000						80,000	
売掛金							200,000	
繰越商品	120,000		160,000					
備品	160,000						160,000	
建物	300,000						300,000	
土地	100,000						100,000	
支払手形		160,000						
買掛金		120,000						120,000
仮受金		2,000						
貸倒引当金		2,400						5,600
備品減価償却累計額		28,800						
建物減価償却累計額		54,000		13,500				67,500
借入金		500,000						
資本金		250,000						
繰越利益剰余金		25,800						
売上						936,000		
受取家賃			5,000			20,000		
受取利息		6,000		400				
仕入	600,000			160,000				
給料	80,000				80,000			
広告宣伝費					50,000			
消耗品費	140,000				140,000			
支払利息	12,000				12,000			
貸倒引当金（　　）								
減価償却費					27,900			
（　　）家賃				5,000				
（　　）利息							400	
当期純（　　）								

採点欄	
一問	

3級 商業簿記 第2回簿記検定模擬試験答案用紙

年　組　番 氏名

第1問（45点）

取引	仕		訳	
	借方科目	金額	貸方科目	金額
1				
2				
3				
4				
5				
6				
7				
8				
9				
10				

採点欄
二問

3級 商業簿記 第2回簿記検定模擬試験答案用紙

年　　組　　番　氏名

取引	仕		訳	
	借方科目	金額	貸方科目	金額
11				
12				
13				
14				
15				

第2問（20点）

問1

A	B	①	②	③

問2

A	B	C	①	②

3級 商業簿記 第2回簿記検定模擬試験答案用紙

採点欄	
三問	

年　組　番　氏名

第3問（35点）

精　算　表

勘定科目	残高試算表		修正記入		損益計算書		貸借対照表	
	借方	貸方	借方	貸方	借方	貸方	借方	貸方
現金	83,000							
現金過不足	14,000							
当座預金	1,062,000							
受取手形	538,000							
売掛金	862,000							
繰越商品	638,000							
仮払金	40,000							
建物	3,000,000							
備品	1,400,000							
土地	2,000,000							
支払手形		528,000						
買掛金		774,000						
仮受金		80,000						
前受金		26,000						
貸倒引当金		27,000						
建物減価償却累計額		1,080,000						
備品減価償却累計額		420,000						
資本金		6,000,000						
繰越利益剰余金		84,000						
売上		7,678,000						
受取配当金		12,000						
受取地代		660,000						
仕入	4,832,000							
給料	1,674,000							
広告宣伝費	504,000							
支払保険料	384,000							
旅費交通費	212,000							
消耗品費	126,000							
	17,369,000	17,369,000						
雑（　　）								
貸倒引当金繰入								
減価償却費								
（　　）保険料								
（　　）地代								
（　　）給料								
当期純（　　）								

3級 商業簿記 第3回簿記検定模擬試験答案用紙

採点欄	
一問	

年　組　番 氏名

第1問（45点）

取引	仕		訳	
	借方科目	金額	貸方科目	金額
1				
2				
3				
4				
5				
6				
7				
8				
9				
10				

3級 商業簿記 第3回簿記検定模擬試験答案用紙

採点欄
二問

年　組　番　氏名

取引	仕		訳	
	借方科目	金額	貸方科目	金額
11				
12				
13				
14				
15				

第2問（20点）

問1

①	②	③	④	⑤

(a)	(b)	(c)	(d)	(e)
¥	¥	¥	¥	¥

問2

1．

補助簿 日付	現金出納帳	当座預金出納帳	商品有高帳	売掛金元帳（得意先元帳）	買掛金元帳（仕入先元帳）	仕入帳	売上帳	固定資産台帳
1日								
9日								
15日								

2．

振替伝票			
借方科目	金額	貸方科目	金額
（　　）	（　　）	（　　）	（　　）

3．¥（　　　　）

3級 商業簿記 第3回簿記検定模擬試験答案用紙

採点欄	
三問	

年　　組　　番 氏名

第3問（35点）

貸借対照表

20×9年3月31日　　　　(単位：円)

現金		630,000	買掛金	1,280,000
普通預金		246,000	未払金	(　　)
受取手形	(　　)		借入金	600,000
売掛金	(　　)		(　　)費用	(　　)
(　　)	(△　　)	(　　)	前受収益	(　　)
商品		(　　)	資本金	10,000,000
(　　)費用		(　　)	繰越利益剰余金	(　　)
建物	(　　)			
減価償却累計額	(△　　)	(　　)		
備品	(　　)			
減価償却累計額	(△　　)	(　　)		
土地		8,600,000		
		(　　)		(　　)

損益計算書

20×8年4月1日から20×9年3月31日まで　　　　(単位：円)

売上原価	(　　)	売上高	9,564,600
給料	(　　)	受取地代	(　　)
支払手数料	160,000		
水道光熱費	(　　)		
通信費	130,000		
旅費交通費	(　　)		
減価償却費	(　　)		
貸倒引当金繰入	(　　)		
支払利息	(　　)		
固定資産(　　)	(　　)		
当期純(　　)	(　　)		
	(　　)		(　　)

3級 **商業簿記** 第4回簿記検定模擬試験答案用紙

採点欄
一問

年　組　番　氏名

第1問（45点）

取引	仕		訳	
	借方科目	金額	貸方科目	金額
1				
2				
3				
4				
5				
6				
7				
8				
9				
10				

3級 **商業簿記** 第4回簿記検定模擬試験答案用紙

採点欄
一問	

年　組　番　氏名

取引	仕		訳	
	借方科目	金額	貸方科目	金額
11				
12				
13				
14				
15				

第2問（20点）

問1

	借方科目	金額	貸方科目	金額
①				
②				
③				
④				

問2

	借方科目	金額	貸方科目	金額
(1)				
(2)				
(3)				

3級 商業簿記 第4回簿記検定模擬試験答案用紙

採点欄	
三問	

年　　組　　番　氏名

第3問（35点）

貸借対照表
○2年3月31日

現金		（　）	支払手形		（　）
当座預金		（　）	買掛金		（　）
受取手形	（　）		前受収益		（　）
（　）	（△　）	（　）	資本金		（　）
売掛金	（　）		繰越利益剰余金		（　）
（　）	（△　）	（　）			
商品		（　）			
前払費用		（　）			
未収収益		（　）			
貸付金		（　）			
建物	（　）				
（　）	（△　）	（　）			
土地		（　）			
		（　）			（　）

損益計算書
○1年4月1日から○2年3月31日まで

売上原価	（　）	売上高	5,862,500
給料	（　）	受取地代	（　）
貸倒引当金繰入	（　）	（　）	（　）
減価償却費	（　）	受取配当金	（　）
旅費交通費	（　）		
水道光熱費	60,500		
保険料	（　）		
通信費	39,000		
支払手数料	21,500		
消耗品費	（　）		
当期純（　）	（　）		
	（　）		（　）

採点欄	
一問	

3級 商業簿記 第5回簿記検定模擬試験答案用紙

年　　組　　番　氏名

第1問（45点）

取引	仕		訳	
	借方科目	金額	貸方科目	金額
1				
2				
3				
4				
5				
6				
7				
8				
9				
10				

3級 商業簿記 第5回簿記検定模擬試験答案用紙

採点欄	
二問	

年　組　番　氏名

取引	仕		訳	
	借方科目	金額	貸方科目	金額
11				
12				
13				
14				
15				

第2問（20点）

問1

取引	仕		訳	
	借方科目	金額	貸方科目	金額
①				
②				
③				
④				

問2

①	②	③	④	⑤

3級 商業簿記 第5回簿記検定模擬試験答案用紙

採 点 欄	
三問	

年　組　番 氏名

第3問（35点）

貸 借 対 照 表

20×9年3月31日　（単位：円）

現金		(　)	買掛金	(　)
普通預金		(　)	社会保険料預り金	(　)
売掛金	(　)		当座借越	(　)
(　)	(△　)	(　)	未払費用	(　)
商品		(　)	未払法人税等	(　)
前払費用		(　)	資本金	1,800,000
(　)収益		(　)	繰越利益剰余金	(　)
建物	(　)			
減価償却累計額	(△　)	(　)		
		(　)		(　)

損 益 計 算 書

20×8年4月1日から20×9年3月31日まで　（単位：円）

売上原価	(　)	売上高	6,640,000
給料	960,000	受取手数料	(　)
広告宣伝費	584,000		
保険料	(　)		
水道光熱費	(　)		
法定福利費	(　)		
貸倒引当金繰入	(　)		
減価償却費	(　)		
雑(　)	(　)		
法人税等	228,000		
当期純(　)	(　)		
	(　)		(　)

採点欄	
一問	

3級 商業簿記 第6回簿記検定模擬試験答案用紙

年　組　番　氏名

第1問（45点）

取引	仕		訳	
	借方科目	金額	貸方科目	金額
1				
2				
3				
4				
5				
6				
7				
8				
9				
10				

3級 商業簿記 第6回簿記検定模擬試験答案用紙

採点欄
二問

年　組　番 氏名

取引	仕訳			
	借方科目	金額	貸方科目	金額
11				
12				
13				
14				
15				

第2問（20点）

問1

備　　品

○3/4/1	前期繰越	(　)	○4/3/31	次期繰越	(　)
7/1	当座預金	(　)			
		(　)			(　)

備品減価償却累計額

○4/3/31	次期繰越	(　)	○3/4/1	前期繰越	(　)
			○4/3/31	減価償却費	(　)
		(　)			(　)

問2

①	②	③	④	⑤
⑥	⑦	⑧	⑨	⑩

3級 商業簿記 第6回簿記検定模擬試験答案用紙

採点欄
三問

年　組　番　氏名

第3問（35点）

精　算　表

勘定科目	試算表		修正記入		損益計算書		貸借対照表	
	借方	貸方	借方	貸方	借方	貸方	借方	貸方
現金	220,500							
当座預金	257,500							
受取手形	176,000							
売掛金	201,500							
仮払金	50,000							
繰越商品	165,000							
建物	1,500,000							
備品	200,000							
貸付金	250,000							
支払手形		188,500						
買掛金		194,500						
借入金		100,000						
前受金		27,500						
未払金		5,000						
貸倒引当金		7,000						
建物減価償却累計額		135,000						
備品減価償却累計額		72,000						
資本金		1,500,000						
繰越利益剰余金		140,000						
売上		4,597,500						
受取家賃		210,000						
受取利息		5,500						
仕入	3,738,000							
給料	310,000							
水道光熱費	62,500							
通信費	18,500							
消耗品費	30,000							
支払利息	3,000							
	7,182,500	7,182,500						
貸倒引当金繰入								
減価償却費								
前払（　　　）								
（　　　）利息								
（　　　）家賃								
当期純（　　　）								

3級 商業簿記 第7回簿記検定模擬試験答案用紙

採点欄	
一問	

年　組　番 氏名

第1問（45点）

取引	仕		訳	
	借方科目	金額	貸方科目	金額
1				
2				
3				
4				
5				
6				
7				
8				
9				
10				

採点欄	
二問	

3級 商業簿記 第7回簿記検定模擬試験答案用紙

年　　組　　番 氏名

取引	仕		訳	
	借方科目	金額	貸方科目	金額
11				
12				
13				
14				
15				

第2問（20点）

問1

(1)　当座預金出納帳

○年		摘要	預入	引出	借または貸	残高
11	1	前月繰越	400,000		借	400,000
		省略				
	30	次月繰越				

(2)　買掛金明細表

	11月1日	11月30日
大垣商店	¥　180,000	¥
知立商店	220,000	
	¥　400,000	¥

(3)　売掛金勘定月末残高　¥

3級 商業簿記 第7回簿記検定模擬試験答案用紙

採点欄
二問

年　組　番 氏名

問2

支払手数料

(　)	(　)	(　)	3/31	(　)	(　)
(　)	(　)	(　)	〃	(　)	(　)
		(　)			(　)

前払手数料

3/31	(　)	(　)	3/31	(　)	(　)

3級 商業簿記 第7回簿記検定模擬試験答案用紙

採点欄
三問

年　　組　　番　氏名

第3問（35点）

精　　算　　表

勘定科目	残高試算表		修正記入		損益計算書		貸借対照表	
	借方	貸方	借方	貸方	借方	貸方	借方	貸方
現金	258,000							
現金過不足		6,000						
当座預金	492,000							
受取手形	566,000							
売掛金	354,000							
貸付金	100,000							
仮払金	80,000							
繰越商品	326,000							
建物	2,000,000							
備品	400,000							
支払手形		236,000						
買掛金		392,000						
借入金		1,000,000						
前受金		50,000						
仮受金		120,000						
貸倒引当金		36,000						
建物減価償却累計額		432,000						
備品減価償却累計額		120,000						
資本金		1,500,000						
繰越利益剰余金		170,000						
売上		4,372,000						
受取手数料		234,000						
受取利息		2,000						
仕入	2,700,000							
給料	704,000							
広告宣伝費	84,000							
支払地代	434,000							
通信費	106,000							
保険料	56,000							
支払利息	10,000							
	8,670,000	8,670,000						
雑益								
(　　　　)								
貸倒引当金繰入								
減価償却費								
(　　　　)手数料								
未払給料								
(　　　　)保険料								
未払利息								
当期純(　　　　)								

3級 商業簿記 第8回簿記検定模擬試験答案用紙

採点欄	
一問	

年　組　番　氏名

第1問（45点）

取引	仕		訳	
	借方科目	金額	貸方科目	金額
1				
2				
3				
4				
5				
6				
7				
8				
9				
10				

3級 商業簿記 第8回簿記検定模擬試験答案用紙

採点欄
一問

年　組　番　氏名

取引	仕		訳	
	借方科目	金額	貸方科目	金額
11				
12				
13				
14				
15				

採点欄	
二問	

3級 商業簿記 第8回簿記検定模擬試験答案用紙

年　組　番　氏名

第2問（20点）

問1

仮払法人税等

（　）	[　]	〈　〉	（　）	[　]	〈　〉
		〈　〉			〈　〉

未払法人税等

（　）	[　]	〈　〉	（　）	[　]	〈　〉
（　）	[　]	〈　〉	（　）	[　]	〈　〉
		〈　〉			〈　〉

法人税等

（　）	[　]	〈　〉	（　）	[　]	〈　〉
		〈　〉			〈　〉

損益

3/31	仕入	2,000,000	3/31	売上	3,680,000
〃	その他費用	180,000			
（　）	[　]	〈　〉			
（　）	[　]	〈　〉			
		〈　〉			〈　〉

問2

商品有高帳

×3年		摘要	受入 数量	受入 単価	受入 金額	払出 数量	払出 単価	払出 金額	残高 数量	残高 単価	残高 金額
10	1		（　）	（　）	（　）				（　）	（　）	（　）
	12		（　）	（　）	（　）				（　）	（　）	（　）
	18					（　）	（　）	（　）	（　）	（　）	（　）
	23		（　）	（　）	（　）				（　）	（　）	（　）
	27					（　）	（　）	（　）	（　）	（　）	（　）

3級 商業簿記 第8回簿記検定模擬試験答案用紙

採点欄	
三問	

年　組　番 氏名

第3問（35点）

問1　決算整理後残高試算表

残高試算表

20×9年3月31日

借方	勘定科目	貸方
	現金	
2,923,500	普通預金	
3,785,000	売掛金	
	繰越商品	
	貯蔵品	
	（　　　）家賃	
1,800,000	備品	
	買掛金	1,790,000
	（　　　）消費税	
	（　　　）利息	
	未払法人税等	
	貸倒引当金	
	借入金	2,000,000
	備品減価償却累計額	
	資本金	2,000,000
	繰越利益剰余金	
	売上	26,000,000
	仕入	
	支払家賃	
	租税公課	
	減価償却費	
	貸倒引当金繰入	
	支払利息	
	雑（　　）	
	法人税等	
6,970,000	その他の費用	

問2　（¥　　　　　　）

採　点　欄
一問

3級 商業簿記 第9回簿記検定模擬試験答案用紙

年　組　番 氏名

第1問（45点）

取引	仕		訳	
	借方科目	金額	貸方科目	金額
1				
2				
3				
4				
5				
6				
7				
8				
9				
10				

3級 商　業　簿　記　第9回簿記検定模擬試験答案用紙

採点欄	
二問	

年　　組　　番　氏名

取引	仕		訳	
	借方科目	金額	貸方科目	金額
11				
12				
13				
14				
15				

第2問 (20点)

問1

損　益

3/31	仕入	7,330,000	3/31	売上	11,250,000
〃	給料	1,800,000	〃	受取地代	600,000
〃	減価償却費	465,000			
〃	その他費用	255,000			
〃	(　　)	(　　)			
〃	(　　)	(　　)			
		(　　)			(　　)

繰越利益剰余金

6/25	未払配当金	(　　)	4/1	前期繰越	3,640,000
〃	(　　)	(　　)	3/31	(　　)	(　　)
3/31	(　　)	(　　)			
		(　　)			(　　)

仮払法人税等

11/30	当座預金	280,000	3/31	(　　)	(　　)

3級 商業簿記 第9回簿記検定模擬試験答案用紙

採点欄	
二問	

年　組　番　氏名

問2

A	B	C	D	E
①	②	③	④	⑤

3級 | 商業簿記 | 第9回簿記検定模擬試験答案用紙

採点欄	
三問	

年　　組　　番　氏名

第3問（35点）

貸借対照表

×4年3月31日　　　　　　　　　　　　　　　　（単位：円）

現金		248,700	買掛金	504,000
普通預金		673,000	（　　　）消費税	（　　　）
売掛金	（　　　）		未払法人税等	（　　　）
貸倒引当金	（△　　）	（　　　）	（　　　）費用	（　　　）
商品		（　　　）	借入金	1,200,000
（　　　）費用		（　　　）	預り金	14,400
建物	（　　　）		資本金	2,350,000
減価償却累計額	（△　　）	（　　　）	繰越利益剰余金	（　　　）
備品	（　　　）			
減価償却累計額	（△　　）	（　　　）		
土地		1,600,000		
		（　　　）		（　　　）

損益計算書

×3年4月1日から×4年3月31日まで　　　　　　　　（単位：円）

売上原価	（　　　）	売上高	8,115,000
給料	1,760,000		
法定福利費	（　　　）		
支払手数料	48,000		
租税公課	120,000		
貸倒引当金繰入	（　　　）		
減価償却費	（　　　）		
支払利息	（　　　）		
固定資産（　　　）	（　　　）		
その他費用	200,000		
法人税等	（　　　）		
当期純利益	（　　　）		
	8,115,000		8,115,000

3級 商業簿記 第10回簿記検定模擬試験答案用紙

採点欄	
一問	

年　組　番 氏名

第1問（45点）

取引	仕		訳	
	借方科目	金額	貸方科目	金額
1				
2				
3				
4				
5				
6				
7				
8				
9				
10				

3級 商業簿記 第10回簿記検定模擬試験答案用紙

採点欄	
二問	

年　組　番 氏名

取引	仕		訳	
	借方科目	金額	貸方科目	金額
11				
12				
13				
14				
15				

第2問（20点）

問1

備　品

4/1 前期繰越	(　)	(　)(　)	(　)
(　) 普通預金	(　)	(　)(　)	(　)
	(　)		(　)

備品減価償却累計額

(　)(　)	(　)	4/1 前期繰越	(　)
(　)(　)	(　)	(　)(　)	(　)
	(　)		(　)

固定資産売却損

(　)(　)	(　)	(　)(　)	(　)

3級 **商業簿記** 第10回簿記検定模擬試験答案用紙

採点欄
二問

年　組　番　氏名

問2

A	B	①	②	③

3級 商業簿記 第10回簿記検定模擬試験答案用紙

採点欄	
三問	

年　組　番　氏名

第3問（35点）

貸借対照表

×4年3月31日　（単位：円）

現金		（　　）	買掛金	1,480,000
普通預金		（　　）	（　　）消費税	（　　）
受取手形	350,000		未払法人税等	（　　）
売掛金	（　　）		（　　）費用	（　　）
貸倒引当金	（△　　）	（　　）	所得税預り金	（　　）
商品		（　　）	資本金	8,000,000
貸付金		500,000	繰越利益剰余金	（　　）
（　　）収益		（　　）		
貯蔵品		（　　）		
建物	（　　）			
減価償却累計額	（△　　）	（　　）		
備品	（　　）			
減価償却累計額	（△　　）	（　　）		
土地		3,300,000		
		（　　）		（　　）

損益計算書

×3年4月1日から×4年3月31日まで　（単位：円）

売上原価	（　　）	売上高	8,920,000
給料	（　　）	（　　）	（　　）
水道光熱費	263,000	雑益	（　　）
通信費	（　　）		
租税公課	（　　）		
消耗品費	2,200		
貸倒引当金繰入	（　　）		
減価償却費	（　　）		
法人税等	（　　）		
当期純利益	（　　）		
	（　　）		（　　）

解　答　編

解答編はこの紙を残したまま
ていねいに抜き取りご利用頂けます。

※模擬試験問題集の**答案用紙**ならびに
CBT 試験体験用の**プログラム**
本書の**関連データ**は弊社 webサイトから
ダウンロードできます。
https://www.jikkyo.co.jp　で
本書を検索してご利用ください。

日商簿記検定
模擬試験問題集 3級

解答編

出題形式別重要問題――――解答・解説

模擬試験問題――――解答・解説・採点基準

＊解答欄に記入する勘定科目で，特に指示のないものについては
日本商工会議所の「許容勘定科目表」によること。
解答例・採点基準は，当社編修部で作成したものである。

実教出版

解答

問題1 仕訳▶現金預金

	借方科目	金額	貸方科目	金額
(1)	現金	50,000	売上	50,000
(2)	現金	12,000	現金過不足	12,000
(3)	発送費 旅費交通費 雑損	18,000 15,000 8,000	現金過不足 受取手数料	32,000 9,000
(4)	普通預金X銀行 普通預金Y信用金庫	200,000 100,000	現金	300,000
(5)	仕入	200,000	当座預金	200,000
(6)	当座預金Z銀行	100,000	借入金	100,000

問題2 仕訳▶商品・内金(手付金)・クレジット売掛金・電子記録債権・電子記録債務・手形

	借方科目	金額	貸方科目	金額
(1)	仕入	530,000	前払金 支払手形 現金	100,000 400,000 30,000
(2)	買掛金	60,000	仕入	60,000
(3)	受取手形 売掛金 発送費	150,000 150,000 10,000	売上 当座預金	300,000 10,000
(4)	クレジット売掛金 支払手数料	196,000 4,000	売上	200,000
(5) E商店	電子記録債権	100,000	売掛金	100,000
(5) F商店	買掛金	100,000	電子記録債務	100,000
(6)	手形貸付金	480,000	受取利息 現金	20,000 460,000

解説

問題1 仕訳▶現金預金

(1) 商品を売り上げ，代金として送金小切手と現金を受け取った取引である。送金小切手は 解法の手引 にもあるように，他人振出しの小切手と同じく，これを受け取ったときは現金勘定の借方に記入する。現金勘定として処理するものについて，まとめておく必要がある。

(2) 現金の過剰分を計上する取引である。現金の実際有高と帳簿残高が一致しないことが判明したときは，帳簿残高を実際有高に一致させる。ここでは，実際有高が帳簿残高より多いのだから，現金勘定の借方に￥12,000を記入し，実際有高と一致させる。また，過剰額の原因が不明であるので，決算時までの間は現金過不足勘定の貸方に記入しておく。

現金過不足	
	(過剰額) 12,000

現金	
(帳簿残高) ××× (過剰額) 12,000 (実際有高)	

(3) 現金不足の原因が判明し，その処理をする取引である。現金不足分は，それを発見したときに現金過不足勘定の借方に記入してある。原因が判明したときは，原因を示す該当勘定に振り替える。

現金過不足	
(発見時) 32,000	(判明時) 32,000

受取手数料	
	9,000

発送費	
18,000	

旅費交通費	
15,000	

雑損	
(原因不明額) 8,000	

(4) 複数の口座を開設し，現金を預け入れた取引である。複数の金融機関で口座を開設している場合は，管理のために口座ごとに勘定を設定することがある。現金を金融機関に預け入れたのだから，現金勘定の貸方に￥300,000を記入する。口座ごとに勘定を設定しているので，普通預金X銀行勘定の借方に￥200,000を，普通預金Y信用金庫勘定の借方に￥100,000を記入する。

(5) 商品を仕入れ，小切手を振り出して支払ったが，当座預金残高が不足しており，当座借越となった取引である。商品を仕入れたときは，仕入勘定の借方に￥200,000を記入する。当座預金の残高をこえて小切手を振り出しているが，超過額￥200,000－￥150,000＝￥50,000も含めて当座預金勘定の貸方に￥200,000を記入する。なお，決算整理で超過額￥50,000は当座借越勘定または借入金勘定に振り替える処理をする。

(6) 決算整理において当座借越額を振り替える取引である。決算時に当座預金口座が当座借越の場合は，当座借越勘定または借入金勘定に振り替えなければならない。本問は当座借越勘定を用いていないため，借入金勘定の貸方に￥100,000を記入する。また，複数口座を開設している場合は口座ごとに勘定を設定するため，当座預金Z銀行勘定の借方に￥100,000を記入する。

問題2　仕訳▶商品・内金(手付金)・クレジット売掛金・電子記録債権・電子記録債務・手形

(1) 商品を仕入れ，代金は手付金を差し引き，残額は約束手形を振り出して支払った取引である。「商品￥500,000を引き取り」とは，商品を仕入れたということである。注文時に支払った手付金は前払金勘定の借方に記入してあるので，相殺するためにその貸方に記入する。引取運賃は商品の仕入原価に加えるため，仕入勘定に加算する。約束手形を振り出したときは，手形代金を支払うという債務が発生するから，支払手形勘定の貸方に記入する。

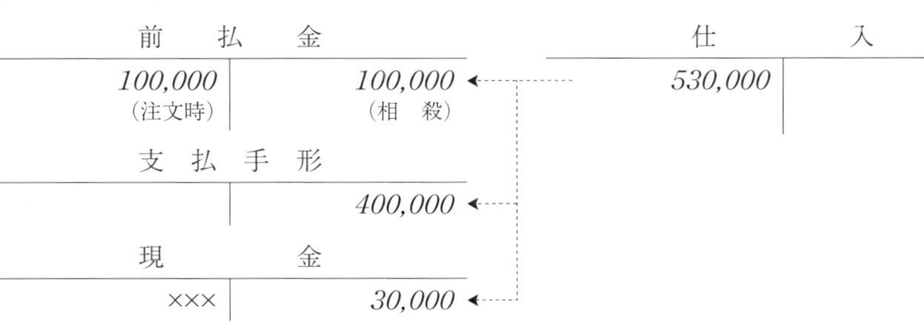

(2) 掛けで仕入れた商品を返品する取引である。仕入れた商品を返品することによって仕入高がそれだけ減少するので，仕入勘定の貸方に記入する。「買掛金から相殺した」とは，その額だけ買掛金を減少させたという意味であるから，買掛金勘定の借方に記入する。

(3) 商品を売り上げ，代金の一部は約束手形を受け取り，残りは掛けとし，売主負担の発送運賃は小切手を振り出して支払った取引である。約束手形を受け取ったときは，手形債権が増加するので，受取手形勘定の借方に記入する。「残りは月末に受け取ることにした」は，商品代金であるから売掛金勘定の借方に記入する。また，当店（売主）負担の発送運賃を支払ったときは，当店の費用となるので発送費勘定の借方に記入する。

(4) 商品をクレジット払いの条件で販売した取引である。クレジット払いで販売したときは，販売代金は信販会社が代わりに回収するため，信販会社へ手数料を支払うことになる。手数料は支払手数料勘定の借方に￥4,000(￥200,000×2％)を記入し，手数料を差し引いた￥196,000(￥200,000－￥4,000)をクレジット売掛金勘定の借方に記入する。売掛金勘定の借方には記入しないので，注意する。

(5) 売掛金について発生記録の請求を行い，電子記録に係る債権が発生した取引である。電子記録債権の取引には，債務者が発生記録の請求を行うことにより生じる場合と，債権者が発生記録の請求を行い債務者の承諾を得ることによって生じる場合がある。E商店（債権者）は売掛金勘定から電子記録債権勘定（資産）に振り替える仕訳を行い，F商店（債務者）は買掛金勘定から電子記録債務勘定（負債）に振り替える仕訳を行う。

(6) 手形貸付けを行い，利息を差し引き，残額は現金で渡した取引である。手形を受け取って貸付けを行ったときは，手形貸付金勘定の借方に記入する。手形を受け取ったということで受取手形勘定に記入する誤りが多いので，注意する。差し引いた利息は受取利息勘定の貸方に記入する。

受取利息の金額　￥480,000×0.05×$\frac{10か月}{12か月}$＝￥20,000

問題3　仕訳▶その他の債権・債務，固定資産

	借方科目	金額	貸方科目	金額
(1)	車両運搬具	1,570,000	当座預金 未払金 現金	500,000 1,000,000 70,000
(2)	当座預金	514,000	貸付金 受取利息	500,000 14,000
(3)	当座預金 旅費交通費	15,000 75,000	仮払金	90,000
(4)	仮受金	49,000	前受金 売掛金	15,000 34,000
(5)	受取商品券	120,000	売上	120,000
(6)	普通預金	400,000	受取商品券	400,000
(7)	建物	840,000	当座預金 現金	800,000 40,000
(8)	備品減価償却累計額 未収入金 固定資産売却損	108,000 80,000 112,000	備品	300,000

問題4　仕訳▶資本・税金・その他，訂正の仕訳

	借方科目	金額	貸方科目	金額
(1)	現金	1,250,000	資本金	1,250,000
(2)	繰越利益剰余金	110,000	未払配当金 利益準備金	100,000 10,000
(3)	給料	2,500,000	所得税預り金 従業員立替金 現金	302,000 150,000 2,048,000
(4)	所得税預り金	25,000	現金	25,000
(5)	貸倒引当金 貸倒損失	55,000 15,000	売掛金	70,000
(6)	通信費	1,800	現金過不足	1,800
(7)	売上 (売上 売掛金)	9,000 (65,000 56,000)	売掛金 (売掛金 売上)	9,000 (65,000 56,000)

問題3　仕訳▶その他の債権・債務，固定資産

(1) 自動車を購入した取引である。自動車は車両運搬具勘定で処理する。¥1,000,000を月賦で支払うことにしたということは，後日支払うことにしたと同じ意味であるから，未払金勘定の貸方に記入する。手数料は車両運搬具勘定に含める。支払手数料勘定に記入する誤りが多い。

(2) 貸付金の返済を受け，利息とともに小切手で受け取り，ただちに当座預金に預け入れた取引である。貸付金は減少するから，貸付金勘定の貸方に記入する。利息は次のとおり計算し，受取利息勘定の貸方に記入する。

受取利息の金額　$¥500,000 \times 0.048 \times \frac{7か月}{12か月} = ¥14,000$

(3) 従業員が出張から戻り，旅費の精算をした取引である。従業員が出張するさい，概算額として¥90,000を手渡したとき，仮払金（資産）勘定の借方に¥90,000を記入していた。残金¥15,000が返却されたので，差引¥75,000を旅費交通費勘定で処理する。

仮払金	
90,000（概算払い）	90,000（精　算）

旅費交通費	
75,000（使用額）	

当座預金	
15,000（返却額）	

(4) 仮受金の内容が判明した取引である。従業員から当座預金口座に振り込まれたとき，仮受金勘定の貸方に¥49,000と記入してあったので，仮受金を減少させるため借方に記入する。愛知商店から商品注文のため受領した手付金¥15,000は，前受金勘定の貸方に記入し，三重商店から回収した売掛金¥34,000は売掛金勘定の貸方に記入する。

(5) 商品を売り上げ，他者が発行した商品券を受け取った取引である。他者発行の商品券を受け取ったら受取商品券勘定（資産）の借方に，商品を売り上げたのだから売上勘定の貸方にそれぞれ¥120,000を記入する。

(6) 他者が発行した商品券を換金し，普通預金口座へ振り込まれた取引である。他者発行の商品券を受け取ったら受取商品券勘定（資産）の借方に記入している。それを換金したのだから，減少させるために受取商品券勘定の貸方に記入する。

(7) 建物を購入し，手数料･登記料等を支払った取引である。建物を購入したときにかかったいっさいの費用は，建物勘定に含める。したがって，手数料と登記料は建物勘定に加える。

(8) 陳列棚を売却し，代金を月末に受け取る取引である。陳列棚（備品勘定で処理）を売却したのだから，備品勘定の貸方と備品減価償却累計額勘定の借方に記入する。備品減価償却累計額勘定の金額は次のように求める。この陳列棚を購入してから売却日までに2回（○2年3月31日と○3年3月31日）の減価償却を行っている。

減価償却累計額の金額　$\frac{¥300,000 - ¥30,000}{5年} \times 2(回) = ¥108,000$

売却価額¥80,000と帳簿価額¥192,000（¥500,000－¥108,000）との差額¥112,000が固定資産売却損となる。代金は月末に受け取るのだから，未収入金勘定の借方に記入する。

備品	
×××	300,000（減　少）

備品減価償却累計額	
108,000（減　少）	×××

未収入金	
80,000	

固定資産売却損	
112,000	

問題4　仕訳▶資本・税金・その他，訂正の仕訳

(1) 会社設立にさいし，株を発行し出資者から現金で受け取った取引である。株を発行したときは資本金勘定の貸方に¥1,250,000（@¥25,000×50株）を記入し，現金で受け取っているので現金勘定の借方に¥1,250,000を記入する。

(2) 株主総会において利益の処分が承認された取引である。決算において当期純利益は繰越利益剰余金勘定へ振り替えられるため，繰越利益剰余金勘定の残高は貸方となる。利益の処分が承認されたときは，減少させるため繰越利益剰余金勘定の借方に記入する。株主配当金¥100,000は未払配当金勘定の貸方に，利益準備金の積立て¥10,000は利益準備金勘定の貸方に記入し，繰越利益剰余金勘定の借方に¥110,000を記入する。なお，決算において当期純損失が計上されたときは，繰越利益剰余金勘定の借方に記入されている。

(3) 所得税の源泉徴収分と立替分を差し引いて，給料を支払う取引である。

所得税の源泉徴収分は，給料から差し引いて一時的に預かることになるので，所得税預り金勘定（負債）の貸方に記入する。かねて，従業員に立替えをしたとき，従業員立替金勘定（資産）の借方に記入したものを，給料から差し引く形で返済を受けるのだから，従業員立替金勘定の貸方に記入する。これは資産の減少を意味する。

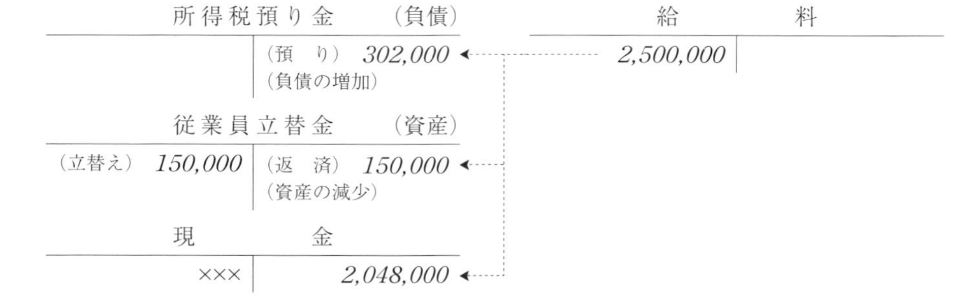

(4)　源泉徴収分を税務署に納付した取引である。源泉徴収分を給料から差し引いて預かったときは，所得税預り金勘定の貸方に記入するので，一括納付したときはその借方に記入する。

所得税預り金　（負債）

（納　付）	25,000	（預　り）	25,000

(5)　売掛金を貸倒れとして処理した取引である。売掛金を貸倒れとして処理したということは，売掛金が回収できないことが決まったということになるので，売掛金勘定の貸方に記入して売掛金を減少させる。一方，決算時に貸倒れを予想して設けた貸倒引当金勘定の借方に記入する。貸倒引当金の残高を超過する貸倒れ額は，貸倒損失勘定の借方に記入する。

売　掛　金

借方	貸方
×××	70,000（貸倒れ高）

貸倒引当金

借方	貸方
55,000	55,000（残　高）

貸倒損失

借方	貸方
（不足分）15,000	

(6)　現金不足分の原因が一部判明した取引である。不足の原因が判明したときは，その金額を現金過不足勘定の貸方に記入して不足額を減少させる。通信費については，￥4,200と￥2,400の差額￥1,800だけ通信費の計上が不足していたことになるので，通信費勘定の借方に￥1,800を記入する。現金不足額￥3,000のうち￥1,800は原因が判明したが，残りについてはまだ原因が不明であり，とくに指示がないのでこのままにしておく。

現金過不足

借方	貸方
（不足分）3,000	1,800

通　信　費

借方	貸方
（誤記入）2,400	
（追加計上）1,800	

(7)　本来行われるべき仕訳は次のようになる。

正しい仕訳　（借）売　掛　金　56,000　（貸）売　　上　56,000

ところが，誤って次のように仕訳していた。

誤った仕訳　（借）売　掛　金　65,000　（貸）売　　上　65,000

よって，誤った仕訳の借方と貸方からそれぞれ多く計上しすぎた金額を減らして正しい仕訳にするために，以下の訂正仕訳が必要となる。

訂正仕訳　（借）売　　上　9,000　（貸）売　掛　金　9,000

問題5　補助簿および勘定記入▶記帳する補助簿の推定

（ア）②，④，⑥，⑧　（イ）⑥，⑧　（ウ）①，③，④，⑦　（エ）①，⑤

問題6　補助簿および勘定記入▶記帳する補助簿の選択

日付＼帳簿	当座預金出納帳	商品有高帳	売掛金元帳	買掛金元帳	受取手形記入帳	支払手形記入帳	仕入帳	売上帳	固定資産台帳
5日		○		○		○	○		
12日	○								○
19日		○	○					○	
26日					○				
30日	○			○					

問題7　補助簿および勘定記入▶商品有高帳

商品有高帳

（移動平均法）　ファイルA

○年		摘要	受入			払出			残高		
			数量	単価	金額	数量	単価	金額	数量	単価	金額
11	1	前月繰越	20	2,000	40,000				20	2,000	40,000
	12	京都商店	80	2,200	176,000				100	2,160	216,000
	16	京都商店掛返品				20	2,200	44,000	80	2,150	172,000
	18	埼玉商店				70	2,150	150,500	10	2,150	21,500
	24	大阪商店	90	2,300	207,000				100	2,285	228,500
	30	千葉商店				60	2,285	137,100	40	2,285	91,400

売上総利益の計算（移動平均法）

売上高	（415,000）
売上原価	（287,600）
売上総利益	（127,400）

売上総利益の計算（先入先出法）

売上高	（415,000）
売上原価	（287,000）
売上総利益	（128,000）

問題5 補助簿および勘定記入▶記帳する補助簿の推定

補助簿は取引や勘定の明細を記入する帳簿であるから，勘定と補助簿との関係を理解しておくことが大切である。勘定と記入する補助簿との関係を示せば，下表のとおりである。

勘定＼記入する補助簿	現金出納帳・当座預金出納帳	仕入帳	売上帳	商品有高帳	売掛金元帳	買掛金元帳	受取手形記入帳	支払手形記入帳
現金	○							
当座預金	○							
仕入		○		○				
売上			○	○				
売掛金					○			
買掛金						○		
受取手形							○	
支払手形								○

本問では，取引の仕訳をし，記入する勘定に関連する補助簿を上表から探せばよい。

(ア)	(借) 仕入	200,000	(貸)	支払手形	150,000
				買掛金	50,000
(イ)	(借) 買掛金	300,000	(貸)	支払手形	300,000
(ウ)	(借) 現金	100,000	(貸)	売上	250,000
	受取手形	150,000			
(エ)	(借) 現金	60,000	(貸)	売掛金	60,000

仕入勘定・売上勘定については，商品有高帳にも記入することを忘れない。また，本問には関係ないが，受取手形勘定の減少（貸方に記入）と支払手形勘定の減少（借方に記入）の場合も，それぞれの手形記入帳のてん末欄に記入するので，注意しておく。

問題6 補助簿および勘定記入▶記帳する補助簿の選択

各取引がどの補助簿に記入されるかを問う問題である。

勘定と記入する補助簿との関係を示せば，次のとおりである。

記入する補助簿＼勘定	現金	当座預金	仕入	売上	支払手形	受取手形	買掛金	売掛金	有形固定資産
現金出納帳	○								
当座預金出納帳		○							
仕入帳			○						
売上帳				○					
支払手形記入帳					○				
受取手形記入帳						○			
商品有高帳			○	○					
買掛金元帳（仕入先元帳）							○		
売掛金元帳（得意先元帳）								○	
固定資産台帳									○

9月中の取引の仕訳は次のとおりである。

5日	(借) 仕入	250,000	(貸)	支払手形	125,000
				買掛金	125,000

仕入帳だけでなく，商品有高帳にも記入することに注意する。

12日	(借) 建物	2,500,000	(貸)	仮払金	550,000
	土地	3,000,000		当座預金	4,950,000

有形固定資産を購入したので，固定資産台帳にも記入する。

19日	(借) 売上	200,000	(貸)	売掛金	200,000

売上帳だけでなく，商品有高帳にも記入することに注意する。

26日	(借) 普通預金	225,000	(貸)	受取手形	225,000

本問には普通預金出納帳の補助簿がないので記入しない。

30日	(借) 買掛金	165,000	(貸)	当座預金	165,000

問題7 補助簿および勘定記入▶商品有高帳

仕入帳と売上帳の記録にもとづいて，(1)移動平均法により商品有高帳に記入し，(2)移動平均法と先入先出法にもとづいた場合の売上総利益を求める問題である。

商品有高帳の記入については，次の点に注意する。

1．仕入帳・売上帳の日付順に商品有高帳に記入する。
2．払出欄に売価（売上帳の金額）で記入する誤りが多い。
3．移動平均法では，単価の異なるものを仕入れたときは，次の計算式を用いて平均単価を求め，これを残高欄の単価とする。

$$\frac{\text{残高欄の金額}+\text{受入欄の金額}}{\text{残高欄の数量}+\text{受入欄の数量}}=\text{平均単価}$$

4．売り上げたときは，前の行の残高欄の単価を用いて払出欄に記入する。日付順に検討すれば，次のとおりである。

11/12 （仕入帳） 80冊を仕入れた取引である。仕入帳の記入のとおり，受入欄に80　*2,200*　*176,000*と記入する。

前の行の残高欄と単価が異なるので，平均単価を求め，これを残高欄の単価とする。

$$\frac{¥40,000 + ¥176,000}{20冊 + 80冊} = \frac{¥216,000}{100冊} = ¥2,160$$

○年		摘要	受入 数量	受入 単価	受入 金額	払出 数量	払出 単価	払出 金額	残高 数量	残高 単価	残高 金額
11	1	前月繰越	20	2,000	40,000				20	2,000	40,000
	12	京都商店	80	2,200	176,000				100	2,160	216,000

16 （仕入帳） 12日に仕入れたファイルAのうち20冊を返品した取引である。仕入戻しは，仕入れたときの単価・金額で払出欄に記入する。前の残高欄の単価¥*2,160*を用いる誤りが多いので注意する。払出欄に20　*2,200*　*44,000*と記入する。残高欄は，数量は80，金額は¥*172,000*，単価は¥*172,000*÷80＝¥*2,150*と記入する。

18 （売上帳） 70冊を売り上げた取引である。売上帳の単価は用いず，前の行の残高欄の単価¥*2,150*を用いて，払出欄に70　*2,150*　*150,500*と記入する。残高欄は，数量は10，金額は¥*21,500*と記入する。

○年		摘要	受入 数量	受入 単価	受入 金額	払出 数量	払出 単価	払出 金額	残高 数量	残高 単価	残高 金額
	16	京都商店掛返品				20	2,200	44,000	80	2,150	172,000
	18	埼玉商店				70	2,150	150,500	10	2,150	21,500

24 （仕入帳） 90冊を仕入れた取引である。受入欄に90　*2,300*　*207,000*と記入する。残高欄は，数量は100，金額は¥*228,500*，単価は¥*228,500*÷100＝¥*2,285*と記入する。

30 （売上帳） 60冊を売り上げた取引である。前の行の残高欄の単価¥*2,285*を用いて，払出欄に60　*2,285*　*137,100*と記入する。残高欄は，数量40，金額は¥*91,400*と記入する。

〔売上総利益の計算〕

売上高＝¥*217,000*＋¥*198,000*＝¥*415,000*

売上原価は，前月繰越高＋当月純仕入高－月末棚卸高（次月繰越高）＝売上原価　の式を用いて求める。

当月純仕入高＝総仕入高（¥*176,000*＋¥*207,000*）－返品高¥*44,000*＝¥*339,000*

月末棚卸高は移動平均法と先入先出法とでは異なるので，別々に検討する。

① 移動平均法　　商品有高帳の11月30日の残高欄の金額¥*91,400*が月末棚卸高である。したがって，売上原価は，¥*40,000*＋¥*339,000*－¥*91,400*＝¥*287,600*となる。

② 先入先出法　　月末棚卸数量は40冊である。先入先出法では，一番あとの11月24日に仕入れた90冊のうちの40冊が月末に残ったことになる。単価は¥*2,300*であるから，¥*2,300*×40（冊）＝¥*92,000*が月末棚卸高である。したがって，売上原価は，¥*40,000*＋¥*339,000*－¥*92,000*＝¥*287,000*となる。

問題8　補助簿および勘定記入▶受取手形記入帳・支払手形記入帳

日付	仕訳 借方科目	金額	貸方科目	金額
7/7	受取手形	200,000	売上	200,000
8/11	当座預金	200,000	受取手形	200,000
11/11	買掛金	400,000	支払手形	400,000
12/15	支払手形	400,000	当座預金	400,000

問題9　補助簿および勘定記入▶売掛金元帳・買掛金元帳

売掛金元帳

東北商店

○年		摘要	借方	貸方	借または貸	残高
10	1	前月繰越	100,000		借	100,000
	7	売上	70,000		〃	170,000
	13	返品		7,000	〃	163,000
	17	売上	30,000		〃	193,000
	26	入金		135,000	〃	58,000
	31	次月繰越		58,000		
			200,000	200,000		
11	1	前月繰越	58,000		借	58,000

問題8　補助簿および勘定記入▶受取手形記入帳・支払手形記入帳

① 受取手形記入帳について
　手形債権が発生したとき（受取手形勘定の借方に記入したとき）は，受取手形記入帳の新たな行に記入し，手形債権が減少したとき（受取手形勘定の貸方に記入したとき）は，すでに記入してある行のてん末欄に記入する。なお，仕訳をするときの受取手形勘定の相手勘定は摘要欄の記入内容から推定する。また，手許に手形を保管している場合はてん末欄には記入されない。

② 支払手形記入帳について
　手形債務が発生したとき（支払手形勘定の貸方に記入したとき）は，支払手形記入帳の新たな行に記入し，手形債務が減少したとき（支払手形勘定の借方に記入したとき）は，すでに記入してある行のてん末欄に記入する。なお，仕訳をするときの支払手形勘定の相手勘定は摘要欄の記入内容から推定する。また，決済されていない手形がある場合はてん末欄には記入されない。

問題9　補助簿および勘定記入▶売掛金元帳・買掛金元帳

売掛金元帳は売掛金の商店別の明細を記録する補助元帳で，商店口座の借方・貸方の記入原則は，売掛金勘定の記入原則と同じである。したがって，次の点に注意して記入する。

① 記入する売掛金元帳は東北商店口座であるから，東北商店に関する取引だけを記入する。関西商店は関係ない。
② 前月繰越高￥*100,000*は，売掛金勘定と同じく借方欄に記入する。
③ 仕訳したとき，(借方) 売掛金 となったときは，該当する商店口座の借方欄に記入し，(貸方) 売掛金 となったときは，該当する商店口座の貸方欄に記入する。
④ 摘要欄には，取引の内容を簡単明瞭に記入する。
⑤ 「借または貸」欄は残高がどちら側にあるかを示す欄で，売掛金元帳ではすべて「借」となる。13日や26日のように貸方に記入したとき，「貸」と記入する誤りが多い。
⑥ 締切りは，残高を少ない側（貸方）に記入して，合計額を一致させて行う。
⑦ 締切日の翌日付（11月1日付）で開始記入を行う。摘要欄に「前月繰越」と記入し，借方欄および残高欄に繰越金額を記入する。

問題10　補助簿および勘定記入▶小口現金出納帳

小口現金出納帳

受入	○年		摘要	支払	内訳			
					通信費	旅費交通費	消耗品費	雑費
5,500	7	9	前週繰越					
24,500		〃	本日補給					
		〃	切手はがき代	6,600	6,600			
		10	文房具代	3,900			3,900	
		11	接客用お茶代	4,800				4,800
		12	地下鉄回数券代	3,800		3,800		
		13	携帯電話通話料	4,000	4,000			
			合計	23,100	10,600	3,800	3,900	4,800
		13	次週繰越	6,900				
30,000				30,000				
6,900	7	16	前週繰越					
23,100		〃	本日補給					

問題11　補助簿および勘定記入▶証ひょう

日付	仕		訳	
	借方科目	金額	貸方科目	金額
10/17	普通預金	62,500	現金	62,500
10/18	買掛金	150,000	普通預金	150,000
10/19	普通預金 支払手数料	222,250 250	売掛金	222,500
10/21	給料 支払手数料	511,000 500	普通預金 所得税預り金	471,500 40,000

問題10　補助簿および勘定記入▶小口現金出納帳

小口現金出納帳の記入については，次の点に注意する。

① 摘要欄に支払いの内容を記入し，その金額を支払欄と内訳欄の両方に記入する。

② 支出の内容と内訳欄の科目との関係を理解しておく。例を示せば次のとおりである。
はがき代・郵便切手代・携帯電話通話料 ──→ 通信費，タクシー代・電車回数券代・バス回数券代 ──→ 旅費交通費，文房具代・各種用紙代・計算機代 ──→ 消耗品費。なお，お茶代・コーヒー代・新聞代など独立の科目を設けていないものについては雑費とする。

③ 小口現金出納帳の締切り方には，支払額合計の補給をいつ受けるかにより，２つの方法がある。

(ア) 週末に支払額合計の補給を受けてから締め切る方法
(イ) 次週の初めに支払額合計の補給を受ける方法

本問は (イ) の方法なので，次のように締め切る。

① 支払欄合計額と内訳欄の各科目合計額が一致することを確認する。
② 受入欄合計￥30,000から支払欄合計￥23,100を差し引き，その差額￥6,900を次週繰越として記入する。
③ 受入欄と支払欄に合計額￥30,000を記入して締め切る。
④ 次週繰越高￥6,900を７月16日付で，前週繰越として受入欄に記入する。
⑤ 補給額（支払欄合計）￥23,100を本日補給として受入欄に記入する。

問題11　補助簿および勘定記入▶証ひょう

証ひょうにもとづいて取引を推定し，仕訳を示す問題である。証ひょうは普通預金口座のWeb通帳であるため，出金金額欄は普通預金勘定の貸方，入金金額欄は普通預金勘定の借方に記入する。普通預金勘定の相手勘定は内容欄で判断する。

各取引の仕訳は次のとおりである。

10/17 (借) 普通預金 62,500　(貸) 現金 62,500
ＡＴＭから現金を預け入れた取引である。普通預金口座へ現金を預けたのだから現金勘定の貸方と普通預金勘定の借方に記入する。

10/18 (借) 買掛金 150,000　(貸) 普通預金 150,000
買掛金の支払いの取引である。

10/19 (借) 普通預金 222,250　(貸) 売掛金 222,500
支払手数料 250
売掛金を回収した取引である。入金金額欄￥222,250を普通預金勘定の借方に記入し，当社負担の振込手数料￥250は支払手数料勘定の借方に記入する。

10/21 (借) 給料 511,000　(貸) 普通預金 471,500
支払手数料 500　所得税預り金 40,000
所得税の源泉徴収額を差し引いて，給料の支払いをした取引である。出金金額欄￥471,500を普通預金勘定の貸方に記入し，所得税の源泉徴収額￥40,000は所得税預り金勘定の貸方に記入する。振込手数料￥500は支払手数料勘定の借方に記入する。

問題12　伝票および訂正仕訳▶伝票

(ア)

振替伝票			
借方科目	金額	貸方科目	金額
売掛金	500,000	売上	500,000

(イ)

振替伝票			
借方科目	金額	貸方科目	金額
仕入	700,000	買掛金	700,000

問題13　伝票および訂正仕訳▶伝票

	仕訳			
	借方科目	金額	貸方科目	金額
(ア)	現金 売掛金	200,000 500,000	売上	700,000
(イ)	仕入	300,000	現金 買掛金	100,000 200,000

問題14　伝票および訂正仕訳▶訂正仕訳

取引	借方科目	金額	貸方科目	金額
(1)	仕入	130,000	買掛金	130,000
(2)	当座預金	26,000	水道光熱費	26,000

問題15　伝票および訂正仕訳▶訂正仕訳

	仕訳			
	借方科目	金額	貸方科目	金額
(1)	支払手形	500,000	手形借入金	500,000
(2)	未収入金	55,000	固定資産売却損 固定資産売却益	42,000 13,000

問題16　伝票および訂正仕訳▶証ひょう

	仕訳			
	借方科目	金額	貸方科目	金額
(1)	仕入 仮払消費税	25,000 2,000	買掛金	27,000
(2)	売掛金	10,800	売上 仮受消費税	10,000 800

問題12　伝票および訂正仕訳▶伝票

一部現金，残額を掛けにした場合の仕入・売上の伝票処理には2つの方法がある。1つは，取引をいったん全額掛けとして振替伝票に起票し，掛け代金の一部を現金で受け取った（または支払った）ことにして入金伝票（または出金伝票）に起票する方法である。もう1つは，現金取引と掛取引に分解して，現金を受け取った（または支払った）部分は入金伝票（または出金伝票）に起票し，掛取引は振替伝票に起票する方法である。

(ア)　入金伝票から仕訳すれば，（借）現　金　*100,000*　（貸）売掛金　*100,000*　となり，掛け代金の一部を現金で受け取ったことを意味するので，いったん全額￥*500,000*を掛けで売り上げたことにして振替伝票に記入する方法である。

（借）売　掛　金　*500,000*　（貸）売　　上　*500,000*……振替伝票に記入
（借）現　　金　*100,000*　（貸）売　掛　金　*100,000*……入金伝票に記入

(イ)　出金伝票から仕訳すれば，（借）仕　入　*200,000*　（貸）現　金　*200,000*　となり，仕入高￥*900,000*のうち￥*200,000*を現金で支払い出金伝票に記入しているので，現金取引と掛取引に分解して振替伝票に記入する方法である。

（借）仕　　入　*200,000*　（貸）現　　金　*200,000*……出金伝票に記入
（借）仕　　入　*700,000*　（貸）買　掛　金　*700,000*……振替伝票に記入

問題13　伝票および訂正仕訳▶伝票

まず，入金伝票や出金伝票から仕訳する。入金伝票は借方が「現金」と仕訳される入金取引を，また出金伝票は貸方が「現金」と仕訳される出金取引を記入する伝票である。

(ア)　入金伝票……（借）現　　金　*200,000*　（貸）売　　上　*200,000*
　　振替伝票……（借）売　掛　金　*500,000*　（貸）売　　上　*500,000*
　　以上から，貸方の売上をまとめて（貸）売上　*700,000*　とすればよい。

(イ)　出金伝票……（借）買　掛　金　*100,000*　（貸）現　　金　*100,000*
　　振替伝票……（借）仕　　入　*300,000*　（貸）買　掛　金　*300,000*
　　以上から，買掛金勘定について￥*100,000*を相殺すれば，貸方の買掛金が￥*200,000*となる。

問題14　伝票および訂正仕訳▶訂正仕訳

誤りの仕訳を訂正する問題である。本問の場合，誤りの仕訳の訂正は次の手順で行う。

①　誤って記帳した仕訳を推定する。
②　誤って記帳した仕訳を貸借反対に仕訳することで，白紙の状態に戻す。
③　正しい仕訳を行う。
④　②と③を整理して解答を作成する。

(1)　①　誤って記帳した仕訳を推定する。商品￥*65,000*を仕入れ，代金は掛けとした取引を誤って貸借逆に仕訳した。

（借）買　掛　金　*65,000*　（貸）仕　　入　*65,000*

②　誤って記帳した仕訳を貸借反対に仕訳することで，白紙の状態に戻す。

（借）仕　　入　*65,000*　（貸）買　掛　金　*65,000*

③　正しい仕訳を行う。商品￥*65,000*を仕入れ，代金は掛けとした。

（借）仕　　入　*65,000*　（貸）買　掛　金　*65,000*

④　②と③のままでもよいが，解答欄には借方・貸方とも金額が￥*130,000*と示されているので，②と③の金額を合算して仕訳を1つに整理する。

（借）仕　　入　*130,000*　（貸）買　掛　金　*130,000*

(2)　①　誤って記帳した仕訳を推定する。水道光熱費￥*26,000*が当座預金口座から引き落とされたが，誤って二重に仕訳した。

（借）水道光熱費　*52,000*　（貸）当座預金　*52,000*

②　誤って記帳した仕訳を貸借反対に仕訳することで，白紙の状態に戻す。

（借）当座預金　*52,000*　（貸）水道光熱費　*52,000*

③　正しい仕訳を行う。水道光熱費￥*26,000*が当座預金口座から引き落とされた。

（借）水道光熱費　*26,000*　（貸）当座預金　*26,000*

④　②と③のままでもよいが，解答欄には借方・貸方とも金額が￥*26,000*と示されているので，②と③の仕訳を相殺して整理する。借方には当座預金が￥*26,000*残り，貸方には水道光熱費が￥*26,000*残る。

（借）当座預金　*26,000*　（貸）水道光熱費　*26,000*

なお，「水道光熱費」は「光熱水費」でもよい。

問題15　伝票および訂正仕訳▶訂正仕訳

誤った仕訳を訂正するには，次の順序で行えばよい。

①　誤った仕訳を反対に仕訳し，白紙に戻す。
②　正しい仕訳をする。
③　①と②を整理する。

(1)　①（反対仕訳）（借）支払手形　*500,000*　（貸）当座預金　*480,000*
　　　　　　　　　　　　　　　　　　　　　　　　支払利息　*20,000*
　②（正しい仕訳）（借）当座預金　*480,000*　（貸）手形借入金　*500,000*
　　　　　　　　　　　支払利息　*20,000*

手形を振り出して借入れを行ったときは，手形借入金勘定の貸方に記入する。手形を振り出したということで支払手形勘定に記入する誤りに気をつける。

③（整　　理）（借）支払手形　*500,000*　（貸）手形借入金　*500,000*

(2)　①（反対仕訳）（借）備　　品　*240,000*　（貸）現　　金　*90,000*
　　　　　　　　　　　　　　　　　　　　　　　　備品減価償却累計額　*108,000*
　　　　　　　　　　　　　　　　　　　　　　　　固定資産売却損　*42,000*
　②（正しい仕訳）（借）備品減価償却累計額　*108,000*　（貸）備　　品　*240,000*
　　　　　　　　　　　現　　金　*90,000*　　　　固定資産売却益　*13,000*
　　　　　　　　　　　未収入金　*55,000*

備品を売却したのだから，備品勘定と備品減価償却累計額勘定を減少させるために，備品勘定の貸方と備品減価償却累計額勘定の借方に記入する。売却額￥*145,000*のうち￥*90,000*は小切手で受け取り，残額￥*55,000*は後日受け取るの

だから，残額については未収入金勘定の借方に記入する。帳簿価額￥240,000－￥108,000＝￥132,000と売却価額の差額￥145,000－￥132,000＝￥13,000が固定資産売却益となる。

③（整　　理）（借）未収入金　55,000　　（貸）固定資産売却損　42,000
　　　　　　　　　　　　　　　　　　　　　　　固定資産売却益　13,000

備品勘定，現金勘定，備品減価償却累計額勘定を相殺する。

問題16　伝票および訂正仕訳▶証ひょう

(1) 商品を仕入れ，品物とともに請求書を受け取った取引である。請求書を受け取ったということは，商品を仕入れたことになるので，仕入勘定の借方に￥25,000を記入する。消費税は税抜方式で記帳しているので，仮払消費税勘定の借方に￥2,000を記入する。代金は後日支払うこととしているので，買掛金勘定の貸方に￥27,000を記入する。

(2) 商品を売り上げ，品物とともに請求書の原本を発送した取引である。請求書(控)とは請求書の原本を発送していたということになり，商品を売り上げたことになるので，売上勘定の貸方に￥10,000を記入する。消費税は税抜方式で記帳しているので，仮受消費税勘定の貸方に￥800を記入する。代金の全額を掛け代金として処理しているので，売掛金勘定の借方に￥10,800を記入する。

解答

問題17　伝票および訂正仕訳▶仕訳日計表

仕訳日計表
20×8年11月1日

借方	勘定科目	貸方
140,000	現金	96,000
48,000	受取手形	
160,000	売掛金	108,000
78,000	買掛金	106,000
	売上	240,000
106,000	仕入	
18,000	水道光熱費	
550,000		550,000

問題17　伝票および訂正仕訳▶仕訳日計表

各伝票の起票面から仕訳日計表を完成させる問題である。

伝票には3伝票制があり，入金伝票・出金伝票・振替伝票がある。入金伝票は借方が現金勘定と仕訳される取引を起票し，出金伝票は貸方が現金勘定と仕訳される取引を起票し，その他の取引は振替伝票に起票することになる。

●入金伝票
No.101（借）現　　金　60,000　（貸）売掛金(函館商店)　60,000
No.102（借）現　　金　80,000　（貸）売　　上　80,000

●出金伝票
No.201（借）買掛金(大宮商店)　46,000　（貸）現　　金　46,000
No.202（借）買掛金(幕張商店)　32,000　（貸）現　　金　32,000
No.203（借）水道光熱費　18,000　（貸）現　　金　18,000

●振替伝票
No.301（借）売掛金(函館商店)　160,000　（貸）売　　上　160,000
No.302（借）受取手形　48,000　（貸）売掛金(宮城商店)　48,000
No.303（借）仕　　入　106,000　（貸）買掛金(大宮商店)　106,000

各勘定ごとの集計を示せば次のようになる。

現　　金（借方）No.101￥60,000＋No.102￥80,000＝￥140,000
　　　　（貸方）No.201￥46,000＋No.202￥32,000＋No.203￥18,000＝￥96,000
受取手形（借方）No.302￥48,000
売 掛 金（借方）No.301￥160,000
　　　　（貸方）No.101￥60,000＋No.302￥48,000＝￥108,000
買 掛 金（借方）No.201￥46,000＋No.202￥32,000＝￥78,000
　　　　（貸方）No.303￥106,000
売　　上（貸方）No.102￥80,000＋No.301￥160,000＝￥240,000
仕　　入（借方）No.303￥106,000
水道光熱費（借方）No.203￥18,000

問題18　精算表▶空欄完成

精　算　表

勘定科目	残高試算表		修正記入		損益計算書		貸借対照表	
	借　方	貸　方	借　方	貸　方	借　方	貸　方	借　方	貸　方
現金預金	74,500						74,500	
現金過不足		1,500	1,500					
受取手形	77,000						77,000	
売掛金	39,000						39,000	
未収入金	25,000						25,000	
繰越商品	81,500		56,000	81,500			56,000	
建物	750,000						750,000	
備品	75,000						75,000	
支払手形		66,000						66,000
買掛金		77,000						77,000
借入金		50,000						50,000
貸倒引当金		1,000		4,500				5,500
建物減価償却累計額		45,000		22,500				67,500
備品減価償却累計額		45,000		11,200				56,200
資本金		650,000						650,000
繰越利益剰余金		39,000						39,000
売上		1,080,000				1,080,000		
受取手数料		9,000	2,000	1,000		8,000		
受取利息		500		1,500		2,000		
仕入	675,000		81,500	56,000	700,500			
販売費	107,000		3,200		110,200			
給料	143,000				143,000			
支払保険料	14,000			500	13,500			
支払利息	3,000		1,000		4,000			
	2,064,000	2,064,000						
雑益				500		500		
貸倒引当金繰入			4,500		4,500			
減価償却費			33,700		33,700			
前受手数料				2,000				2,000
未収利息			1,500				1,500	
(未　払)販売費				3,200				3,200
前払保険料			500				500	
未払利息				1,000				1,000
当期純(利益)					81,100			81,100
			185,400	185,400	1,090,500	1,090,500	1,098,500	1,098,500

問題18　精算表▶空欄完成

空欄に正しい金額を記入して，精算表を完成する問題である。

このような形式の問題は，修正記入欄を完成することから始めるとよい。修正事項を推定し，その仕訳を修正記入欄に記入する。それには，修正記入欄の一方の勘定科目の記入内容から相手科目を推定し，その金額を記入する。あるいは損益計算書欄または貸借対照表欄の記入から修正事項を推定し，仕訳をして，修正記入欄に記入する。

〔Ⅰ〕修正記入欄の完成

1．問題文に，「現金過不足のうち，受取手数料の記入もれだけが決算日までに判明した」とあり，現金過不足の修正記入欄の借方が￥1,500，雑益の修正記入欄の貸方が￥500とあることから，受取手数料の修正記入欄の貸方は￥1,000となる。

勘定科目	残高試算表		修正記入		損益計算書		貸借対照表	
	借　方	貸　方	借　方	貸　方	借　方	貸　方	借　方	貸　方
現金過不足		1,500	1,500					
雑益				500		500		
受取手数料				1,000				

（借）現金過不足　1,500　（貸）受取手数料　1,000
　　　　　　　　　　　　　　　　雑　　益　　500

2．繰越商品の残高試算表欄の金額￥81,500は，期首商品棚卸高を示す。また，仕入の残高試算表欄の金額は純仕入高を示し，損益計算書欄の金額は次の計算式にもとづいて求めた売上原価を示す。

期首商品棚卸高＋純　仕　入　高－期末商品棚卸高＝売　上　原　価

したがって，期末商品棚卸高は￥56,000となる。

勘定科目	残高試算表 借方	残高試算表 貸方	修正記入 借方	修正記入 貸方	損益計算書 借方	損益計算書 貸方	貸借対照表 借方	貸借対照表 貸方
繰越商品	81,500		56,000	81,500			56,000	
仕入	675,000		81,500 (+)	56,000	700,500 (－)			

（借）仕　　入　81,500　（貸）繰越商品　81,500
（借）繰越商品　56,000　（貸）仕　　入　56,000

3．貸倒引当金の修正記入欄の貸方の金額から，貸倒引当金繰入の修正記入欄の借方は￥4,500となる。

（借）貸倒引当金繰入　4,500　（貸）貸倒引当金　4,500

4．減価償却費の修正記入欄の借方の金額￥33,700から，備品減価償却累計額の修正記入欄の貸方の金額￥11,200を差し引くことにより，建物減価償却累計額の修正記入欄の貸方の金額は￥22,500となる。

（借）減価償却費　33,700　（貸）建物減価償却累計額　22,500
　　　　　　　　　　　　　　　　備品減価償却累計額　11,200

5．前受手数料の修正記入欄の貸方の金額から，受取手数料の修正記入欄の借方の金額は¥2,000となる。また，受取手数料の修正記入欄の貸方に上記1.より¥1,000が記入されており，損益計算書欄の貸方に¥8,000の記入があることから，受取手数料の残高試算表欄の貸方の金額は¥9,000となる。

受取手数料		9,000	(+) 2,000	(−) 1,000		8,000		
前受手数料				2,000				2,000

（借）受取手数料　2,000　（貸）前受手数料　2,000

6．販売費の残高試算表欄の金額と損益計算書欄の金額から，未払販売費¥3,200を計上したことがわかる。販売費の修正記入欄の借方と（未払）販売費の修正記入欄の貸方に¥3,200を記入する

（借）販　売　費　3,200　（貸）未払販売費　3,200

7．支払保険料の修正記入欄の貸方の金額と前払保険料勘定の表示から，前払保険料¥500を計上したことがわかる。前払保険料の修正記入欄の借方に¥500を記入する。また，支払保険料の損益計算書欄の借方に¥13,500の記入があることから，支払保険料の残高試算表欄の借方の金額は¥14,000となる。

支払保険料	14,000			(+) 500	13,500			
前払保険料			500				500	

（借）前払保険料　500　（貸）支払保険料　500

8．未払利息の修正記入欄の貸方の金額から，支払利息の修正記入欄の借方に¥1,000を記入する。これにより，支払利息の損益計算書欄の借方の金額は¥4,000となる。

（借）支払利息　1,000　（貸）未払利息　1,000

9．未収利息の貸借対照表欄の借方の金額から，未収利息¥1,500を計上したことがわかる。未収利息の修正記入欄の借方と受取利息の修正記入欄の貸方に¥1,500を記入する。受取利息の損益計算書欄の貸方は¥2,000となる。

（借）未収利息　1,500　（貸）受取利息　1,500

〔Ⅱ〕残高試算表欄の完成

受取手数料の残高試算表欄の貸方に¥9,000を記入し，残高試算表欄の貸方合計¥2,064,000から，判明している残高試算表欄の貸方科目の金額を差し引くと，建物減価償却累計額の残高試算表欄の貸方金額は¥45,000となる。

〔Ⅲ〕損益計算書欄・貸借対照表欄の完成

残高試算表欄・修正記入欄の金額を損益計算書欄・貸借対照表欄に移す。資産・負債・純資産に属する勘定は貸借対照表欄に，費用・収益に属する勘定は損益計算書欄に移す。修正記入欄に記入がある場合は，残高試算表欄の金額と同じ側にある場合は加算し，異なる側にある場合は減算する。また，修正記入欄に新たに記入された勘定科目の金額は，費用・収益に属する勘定は損益計算書欄に，資産・負債・純資産に属する勘定は貸借対照表欄に移す。未収利息・前払保険料は資産であるから貸借対照表欄の借方に，前受手数料・未払販売費・未払利息は負債であるから貸方に移す。

次に，損益計算書欄の貸方合計額から借方合計額を差し引いて当期純利益を算出し，借方記入する。勘定科目欄の当期純(　　)の(　　)に「利益」と記入する。また，貸借対照表欄の借方合計額から貸方合計額を差し引いて当期純利益を算出し，貸方記入する。損益計算書欄・貸借対照表欄の両者の当期純利益は必ず一致する。

問題19　精算表▶整理事項による作成

精　算　表

勘定科目	試算表 借方	試算表 貸方	整理記入 借方	整理記入 貸方	損益計算書 借方	損益計算書 貸方	貸借対照表 借方	貸借対照表 貸方
現金	37,900			400			37,500	
当座預金	109,200		23,000				132,200	
受取手形	96,000						96,000	
売掛金	84,000						84,000	
仮払金	12,000			12,000				
繰越商品	100,000		78,000	100,000			78,000	
備品	24,000						24,000	
建物	96,000						96,000	
土地	60,000		6,000				66,000	
支払手形		79,000						79,000
買掛金		85,000						85,000
貸倒引当金		1,000		2,600				3,600
建物減価償却累計額		18,000		3,600				21,600
借入金		120,000						120,000
資本金		150,000						150,000
繰越利益剰余金		26,600						26,600
売上		598,000				598,000		
受取家賃		15,000	10,000			5,000		
受取利息		700				700		
仕入	357,000		100,000	78,000	379,000			
給料	62,000				62,000			
旅費交通費	28,000		12,400		40,400			
修繕費	26,000			6,000	20,000			
支払利息	1,200		3,600		4,800			
	1,093,300	1,093,300						
(前受金)				23,000				23,000
貸倒引当金(繰入)			2,600		2,600			
減価償却費			4,800		4,800			
(備品減価償却累計額)				1,200				1,200
(前受)家賃				10,000				10,000
(未払)利息				3,600				3,600
当期純(利益)					90,100			90,100
			240,400	240,400	603,700	603,700	613,700	613,700

問題19　精算表▶整理事項による作成

期末整理事項にもとづき，精算表を作成する問題である。

1．整理記入欄の記入

まず，期末整理事項にもとづいて整理仕訳を行い，整理記入欄に記入する。

(1) 期末商品棚卸高が示してあるので，売上原価を算出する処理を行う。売上原価は次の計算式にもとづいて算出する。期首商品棚卸高は試算表欄の繰越商品の金額である。

期首商品棚卸高 ＋ 仕　入　高 － 期末商品棚卸高 ＝ 売上原価

￥100,000　＋ ￥357,000 － 　￥78,000　＝ ￥379,000

上記の計算式により勘定記入を行えば次のとおりである。

① 期首商品棚卸高（試算表欄の繰越商品￥100,000）を繰越商品勘定から仕入勘定に振り替える。

（借）仕　　入　100,000　（貸）繰越商品　100,000

② 期末商品棚卸高（期末整理事項(1)￥78,900）を仕入勘定から繰越商品勘定に振り替える。

（借）繰越商品　78,000　（貸）仕　　入　78,000

繰越商品

借方	貸方
期首商品棚卸高 100,000	100,000
期末商品棚卸高 78,000	

仕入

借方	貸方
① 期首商品棚卸高 100,000	売上原価 379,000
仕入高 357,000	② 期末商品棚卸高 78,000

上記の仕訳のとおり整理記入欄に記入する。仕入勘定の残高￥379,000が売上原価となる。精算表では，この金額を損益計算書欄の借方に記入する。

勘定科目	試算表 借方	試算表 貸方	整理記入 借方	整理記入 貸方	損益計算書 借方	損益計算書 貸方
繰越商品	100,000		② 78,000	① 100,000		
仕入	357,000		① 100,000 (＋)	② 78,000 (－)	379,000	

(2) 旅費交通費として概算額￥12,000を支払ったとき仮払金勘定の借方に記入したが，従業員が出張から帰りその精算をしたので，仮払金勘定の貸方に記入する。一方，旅費交通費が￥12,400発生したのだから旅費交通費勘定の借方に￥12,400を記入し，不足額￥400は現金で支払ったので現金勘定の貸方に￥400を記入する。

（借）旅費交通費　12,400　（貸）仮払金　12,000

　　　　　　　　　　　　　　　　現　金　　400

勘定科目	試算表 借方	試算表 貸方	整理記入 借方	整理記入 貸方
現金	37,900			400
仮払金	12,000			12,000
旅費交通費	28,000		12,400	

(3) 注文を受け，手付金¥23,000を当座預金としたという取引を記入すればよい。手付金を受け取ったときは前受金勘定の貸方に記入する。勘定科目欄に前受金勘定が設けられていないので，(　　)の中に「前受金」と記入する。

(借) 当座預金 23,000　(貸) 前受金 23,000

(4) 受取手形と売掛金の期末残高に対して2％の貸倒引当金を設定するのだから，設定額は次のように計算する。

貸倒引当金設定額　(¥96,000＋¥84,000)×0.02＝¥3,600

差額を補充する方法とは，貸倒引当金の設定額から貸倒引当金残高¥1,000を差し引いた差額を補充して繰り入れる方法である。差額は次のように求める。

補充する差額　¥3,600－¥1,000＝¥2,600

(借) 貸倒引当金繰入 2,600　(貸) 貸倒引当金 2,600

貸倒引当金

設定額 3,600	期末残高 1,000
	繰入額 2,600

(¥96,000＋¥84,000)×0.02

貸倒引当金繰入

繰入額 2,600	

(5) 定額法による減価償却費は，次の計算式で求める。

減価償却費　$\frac{取得原価－残存価額}{耐用年数}$

備品の減価償却費　$\frac{¥24,000－¥2,400}{6年}$ ＝¥3,600

ただし，備品を購入したのは期の途中なので，購入した日から決算日までの経過月数を求めて，月割計算をする。経過月数は12月から翌年3月までの4か月である。

計上する備品の減価償却費　¥3,600×$\frac{4か月}{12か月}$＝¥1,200

建物の減価償却費　$\frac{¥96,000－¥9,600}{24年}$ ＝¥3,600

減価償却費は¥1,200＋¥3,600＝¥4,800となる。

(借) 減価償却費 4,800　(貸) 備品減価償却累計額 1,200
　　　　　　　　　　　　　　建物減価償却累計額 3,600

勘定科目欄に備品減価償却累計額勘定が設けられていないので，(　　)の中に「備品減価償却累計額」と記入する。

(6) 修繕費勘定から¥6,000を土地勘定に振り替えるのだから，修繕費勘定を¥6,000減少させ，土地勘定を¥6,000増加させればよい。

(借) 土地 6,000　(貸) 修繕費 6,000

(7) 家賃は，向こう6か月分，すなわち7月分まで受け取っている。決算は3月なので，4月～7月分の4か月分が前受分であり，前受家賃となる。

前受家賃　¥15,000×$\frac{4か月}{6か月}$＝¥10,000

(借) 受取家賃 10,000　(貸) 前受家賃 10,000

勘定科目	試算表 借方	試算表 貸方	整理記入 借方	整理記入 貸方	損益計算書 借方	損益計算書 貸方	貸借対照表 借方	貸借対照表 貸方
受取家賃		15,000	10,000 (−)			5,000		
(前受)家賃				10,000				10,000

(負債だから貸借対照表欄の貸方へ)

6か月分¥15,000受取り　2/1　2　3　4　5　6　7　当期分¥5,000　決算日　前受分¥10,000

勘定科目欄に前受家賃勘定が設けられていないので，(　　)の中に「前受」と記入する。

(8) 利払日が6月末日なので，○1年6月30日に1年分の利息を支払ったことになる。○1年7月から決算日の翌○2年3月までの9か月分の利息が未払いになる。

未払利息　¥120,000×0.04×$\frac{9か月}{12か月}$＝¥3,600

したがって，未払利息¥3,600を計上すればよい。

(借) 支払利息 3,600　(貸) 未払利息 3,600

利息1年分支払い　6/30　7　8　9　10　11　12　1　2　3　3/31　利息未払分(9か月分)　決算日

勘定科目	試算表 借方	試算表 貸方	整理記入 借方	整理記入 貸方	損益計算書 借方	損益計算書 貸方	貸借対照表 借方	貸借対照表 貸方
支払利息	1,200		3,600 (+)		4,800			
(未払)利息				3,600				3,600

(負債だから貸借対照表欄の貸方へ)

2．損益計算書欄・貸借対照表欄の記入

試算表欄・整理記入欄の金額を損益計算書欄と貸借対照表欄に移す。資産・負債・純資産に属する勘定は貸借対照表欄に，費用・収益に属する勘定は損益計算書欄に移す。整理記入欄に記入がある場合は，上に一部示したように，試算表欄の金額と同じ側にあるときは加算し，反対側にあるときは減算する。また，整理記入により新たに記入された科目の金額は，費用・収益に属する勘定は損益計算書欄に，資産・負債・純資産に属する勘定は貸借対照表欄に移す。すでに指摘したように，前受家賃勘定，未払利息勘定および前受金勘定は負債であるから貸借対照表欄の貸方に移す。また，備品減価償却累計額勘定は，建物減価償却累計額勘定と同様に，貸借対照表欄の貸方に移す。

次に，損益計算書欄の貸方合計額から借方合計額を差し引いて当期純利益を算出し，借方に記入する。貸借対照表欄の借方合計額から貸方合計額を差し引いて当期純利益を算出し，貸方に記入する。両者の当期純利益が一致することを確かめる。一致しなかった場合は誤りがあることになる。

解　答

第1問（45点）

取引	仕訳：借方科目	金額	貸方科目	金額
1	エ(仕入)	700,000	オ(当座預金) イ(買掛金)	280,000 420,000
2	ウ(通信費)	50,000	ア(普通預金)	50,000
3	ア(備品)	354,000	オ(未払金) エ(現金)	350,000 4,000
4	ウ(買掛金) オ(前払金)	45,000 18,000	カ(当座預金)	63,000
5	イ(旅費交通費) ウ(消耗品費) オ(雑損)	8,000 2,000 19,000	ア(現金過不足) エ(受取手数料)	24,000 5,000
6	イ(現金過不足)	5,000	ア(現金)	5,000
7	ア(クレジット売掛金) オ(支払手数料)	95,000 5,000	エ(売上)	100,000
8	ア(売掛金) ウ(発送費)	187,000 3,400	カ(売上) オ(仮受消費税) イ(現金)	170,000 17,000 3,400
9	ア(仕入)	297,000	イ(買掛金) エ(現金)	294,000 3,000
10	エ(社会保険料預り金) オ(法定福利費)	30,000 30,000	ア(普通預金)	60,000
11	カ(普通預金)	400,000	エ(電子記録債権)	400,000
12	エ(現金)	1,002,500	ア(貸付金) イ(受取利息)	1,000,000 2,500
13	ウ(備品減価償却累計額) イ(現金) オ(固定資産売却損)	400,000 150,000 50,000	ア(備品)	600,000
14	イ(普通預金)	2,000,000	ア(資本金)	2,000,000
15	ウ(損益)	2,600,000	オ(仕入)	2,600,000

仕訳1組につき3点。**合計45点。**

解　説

第1問

1．商品を仕入れた取引である。￥280,000については小切手を振出したので，当座預金勘定の貸方に記入する。残額の￥420,000は買掛金勘定の貸方に記入する。

当座預金（借方）	当座預金（貸方）
×××	280,000（小切手振出し額）

買掛金（借方）	買掛金（貸方）
	420,000（掛けとした額）

仕入（借方）	仕入（貸方）
700,000	

2．携帯電話の料金が普通預金口座より引き落とされた取引である。携帯電話の料金は通信費勘定の借方に記入する。「普通預金口座から引き落とされた」とあるので，当座預金勘定ではなく，普通預金勘定の貸方に記入しなければならない。

3．備品を購入し，引取運賃を支払った取引である。備品を購入したときにかかったいっさいの費用は備品勘定に含める。したがって，引取運賃は備品勘定に加える。

4．買掛金と商品仕入のための手付金を支払った取引である。買掛金支払額￥45,000は買掛金勘定の借方に記入し，商品仕入のための手付金￥18,000は，商品を受け取る権利を示す資産勘定である前払金勘定の借方に記入する。また，支払いには小切手を振出したので，当座預金勘定の貸方に￥63,000を記入する。

当座預金	
	63,000

買掛金	
45,000	

前払金	
18,000	

5．現金不足の原因が一部判明し，残額は不明なので雑損として処理する問題である。

かねて，現金不足を発見したときは現金過不足勘定の借方に記入したので，その原因が判明したときは，現金過不足勘定の貸方に記入して不足額を減少させる。記入もれが判明した金額は，該当する勘定に記入する。交通費の支払額については，旅費交通費勘定に記入する。原因不明分￥19,000は雑損勘定に記入する。

現金過不足	
(現金不足を発見したとき) 24,000	(原因が判明したとき) 24,000

(注) ただし，原因不明は雑損とした。

旅費交通費	
8,000	

消耗品費	
2,000	

受取手数料	
	5,000

雑損	
19,000	

6．※実際有高が帳簿残高より少ないので現金不足である。
・現金不足は現金過不足勘定の借方記入である。
（借）現金過不足　5,000　（貸）現　　金　5,000
・現金過不足の相手勘定科目は現金である。

7．・「クレジット払いで売り渡した」
（借）クレジット売掛金　95,000
※金額は，売上高￥100,000から信販会社への手数料￥5,000を差し引いて求める。
・「信販会社への手数料を計上」
（借）支払手数料　5,000

8．・「商品を売り渡し」
（貸）売　　上　170,000
・「代金は掛けとした」
（借）売　掛　金　187,000
※仮受消費税を加算することに注意する。
※問題文に「掛け」とあったら，売ったときなら売掛金，買ったときなら買掛金と覚える。
・「当店負担の発送運賃は現金で支払った」
（借）発　送　費　3,400　（貸）現　　金　3,400
※消費税の記帳について
売ったときは仮受消費税（負債），買ったときは仮払消費税（資産）で処理する。
（貸）仮受消費税　17,000

9．・「商品を仕入れ」
（借）仕　　入　297,000
※引取運賃は商品の原価に加算するので，仕入金額に加算する
・「代金は掛けとした」
（貸）買　掛　金　294,000
・「引取運賃は現金で支払った」
（貸）現　　金　3,000

10．・「社会保険料の従業員負担分￥30,000」から社会保険料預り金（負債）が推定できる。
・「社会保険料の会社負担分￥30,000」から法定福利費（費用）が推定できる。
・上記の2つを「納付した」
（借）社会保険料預り金　30,000
（借）法定福利費　30,000
・「普通預金口座より納付した」
（貸）普通預金　60,000

11．・電子記録債権が支払期日になり，普通預金口座に振り込まれたという連絡を受けたというものである。
・「支払期日になり，…入金した」
（貸）電子記録債権　400,000
・「普通預金口座に入金」
（借）普通預金　400,000

12．「貸付金（資産）が支払期日となり…受け取った」
（貸）貸　付　金　1,000,000
・「利息とともに…受け取った」
（貸）受取利息　2,500
※貸付金に対する利息であるから受取利息である。
・「小切手で受け取った」
（借）現　　金　1,002,500

13. ※備品を売却したときは，備品に関する勘定（備品勘定（資産）および備品減価償却累計額勘定（備品の評価勘定）の残高をゼロにする。

（借）備品減価償却累計額　400,000　（貸）備　　品　600,000

・「￥150,000で売却し…現金で受け取った」

（借）現　　金　150,000

・貸借差額または下記の計算式で固定資産売却損益を求める。

（借）固定資産売却損　50,000

※固定資産の売却損益

￥150,000 － ￥200,000（￥600,000－￥400,000）＝△￥50,000（売却損）

売却価額 － 備品の帳簿価額（取得原価－減価償却累計額）＝ 固定資産売却損益

14.「株式を発行し」

（貸）資　本　金　2,000,000

資本金　20株×@￥100,000＝￥2,000,000

・「普通預金口座に預け入れた」

（借）普　通　預　金　2,000,000

15. 下図を参照

仕　入

期首商品棚卸高	期末商品棚卸高
当期純仕入高	売　上　原　価 2,600,000

損　益

2,600,000	

解　答

第2問（20点）

問 1

（ア）	（イ）	（ウ）	（エ）	（オ）
1,750,000	137,500	2,600,000	2,000,000	152,500

□ 1つにつき2点。**合計10点。**

問 2

①	②	③	④	⑤
タ（費用）	ウ（負債）	ソ（小切手）	シ（現金）	エ（前期）
⑥	⑦	⑧	⑨	⑩
コ（貸倒引当金）	キ（総勘定元帳）	ス（仕訳帳）	セ（修繕費）	ア（建物）

1つにつき1点。**合計10点。**

第2問

問 1

損益勘定と資本金勘定，繰越利益剰余金勘定の勘定面を記入する問題である。損益勘定から算出された当期純利益または当期純損失は，繰越利益剰余金勘定に振り替える。各勘定ごとは次のようになる。

【損益勘定の作成】

① 売上には純売上高￥2,500,000を記入する。

② 仕入には売上原価を記入する。売上原価は次の計算式にもとづいて算出する。

期首商品棚卸高 ＋ 仕　入　高 － 期末商品棚卸高 ＝ 売　上　原　価

￥200,000 ＋ ￥1,800,000 － ￥250,000 ＝ ￥1,750,000

③（　）に繰越利益剰余金を記入し，貸方合計￥2,600,000から借方の水道光熱費までの合計額￥2,462,500を差し引き，繰越利益剰余金￥137,500を算出する。

損益勘定から繰越利益剰余金勘定へ振替仕訳を行う。

（借）損　　益　137,500　（貸）繰越利益剰余金　137,500

【資本金勘定の作成】

① 次期繰越には前期繰越￥2,000,000を記入する。

【繰越利益剰余金勘定の作成】

①（　）に損益を記入し，￥137,500を記入する。

② 次期繰越には￥152,500（前期繰越￥15,000＋損益￥137,500）を記入する。

問 2

会計処理に関する文章の空欄に語句を記入する問題である。

1. 給料から差し引かれる所得税の源泉徴収額は，租税公課などの（　費用　）ではなく，会社にとっては預り金として貸借対照表上（　負債　）に計上される。
2. 当座預金の引出しには，一般に（　小切手　）が使われる。他社が振り出した（　小切手　）を受け取った場合，（　現金　）として処理する。
3. （　前期　）に生じた売掛金が当期中に回収不能となった場合，（　前期　）決算日に設定された（　貸倒引当金　）を取り崩す。
4. 売掛金勘定や買掛金勘定は，主要簿である（　総勘定元帳　）に収められる。主要簿には（　総勘定元帳　）のほか，（　仕訳帳　）がある。
5. 建物の機能の回復や維持のために修繕を行った場合の仕訳の借方は（　修繕費　）勘定を用いるが，修繕により機能が向上して価値が増加した場合は（　建物　）勘定を用いる。

第3問（35点）

精算表

勘定科目	試算表 借方	試算表 貸方	整理記入 借方	整理記入 貸方	損益計算書 借方	損益計算書 貸方	貸借対照表 借方	貸借対照表 貸方
現金	66,000						66,000	
当座預金	200,000			6,000			194,000	
受取手形	80,000						80,000	
売掛金	202,000			2,000			200,000	
繰越商品	120,000		160,000	120,000			160,000	
備品	160,000						160,000	
建物	300,000						300,000	
土地	100,000						100,000	
支払手形		160,000	6,000					154,000
買掛金		120,000						120,000
仮受金		2,000	2,000					
貸倒引当金		2,400		3,200				5,600
備品減価償却累計額		28,800		14,400				43,200
建物減価償却累計額		54,000		13,500				67,500
借入金		500,000						500,000
資本金		250,000						250,000
繰越利益剰余金		25,800						25,800
売上		940,000	4,000			936,000		
受取家賃		25,000	5,000			20,000		
受取利息		6,000		400		6,400		
仕入	600,000		120,000	160,000	560,000			
給料	80,000				80,000			
広告宣伝費	54,000			4,000	50,000			
消耗品費	140,000				140,000			
支払利息	12,000				12,000			
	2,114,000	2,114,000						
貸倒引当金(繰入)			3,200		3,200			
減価償却費			27,900		27,900			
(前受)家賃				5,000				5,000
(未収)利息			400				400	
当期純(利益)					89,300			89,300
			328,500	328,500	962,400	962,400	1,260,400	1,260,400

□ 1つにつき3点。┆┆ 1つにつき2点。**合計35点。**

第3問

空欄に正しい語句または金額を記入し，精算表を完成する問題である。一部，未処理事項が示されている。

このような形式の精算表の問題は，未処理事項を整理するとともに，整理記入欄の記入内容を検討し，整理記入欄を完成させることから始める。

A．整理記入欄の完成

未処理事項は，次のように仕訳を行い，整理記入欄に記入する。

1．(借) 仮受金 2,000 (貸) 売掛金 2,000

2．売上返品は売上勘定の借方に記入する。

(借) 売上 4,000 (貸) 広告宣伝費 4,000

3．(借) 支払手形 6,000 (貸) 当座預金 6,000

次に，整理記入欄の一方の勘定科目の金額から相手方の勘定科目を推定し，その金額や勘定科目名を記入する。あるいは損益計算書欄または貸借対照表欄の金額と試算表欄の金額の差額から，整理事項を推定し，整理記入欄に記入する。

① 繰越商品勘定の借方と仕入勘定の貸方に￥160,000の記入があるので，期末商品棚卸高は￥160,000となる。期首商品棚卸高は，試算表欄の繰越商品勘定の金額から￥120,000である。

(借) 仕入 120,000 (貸) 繰越商品 120,000
(借) 繰越商品 160,000 (貸) 仕入 160,000

仕入勘定の借方と繰越商品勘定の貸方に￥120,000を記入する。

② 貸倒引当金勘定の試算表欄貸方の￥2,400と貸借対照表欄貸方の￥5,600から，差額￥3,200が貸倒引当金繰入額であることがわかる。

(借) 貸倒引当金繰入 3,200 (貸) 貸倒引当金 3,200

貸倒引当金(　)の(　)に「繰入」を記入し，その借方と貸倒引当金勘定の貸方に￥3,200を記入する。

勘定科目	試算表 借方	試算表 貸方	整理記入 借方	整理記入 貸方	損益計算書 借方	損益計算書 貸方	貸借対照表 借方	貸借対照表 貸方
貸倒引当金		(−) 2,400		3,200				5,600
貸倒引当金(繰入)			3,200		3,200			

③ 損益計算書欄の減価償却費勘定の借方の記入から，減価償却費￥27,900を計上したことがわかる。一方，整理記入欄の建物減価償却累計額勘定の貸方の￥13,500の記入から，￥27,900との差額￥14,400が備品減価償却累計額勘定の金額となる。

(借) 減価償却費 27,900 (貸) 備品減価償却累計額 14,400
建物減価償却累計額 13,500

減価償却費勘定の借方に￥27,900，備品減価償却累計額勘定の貸方に￥14,400を記入する。

備品減価償却累計額		28,800		14,400				43,200
建物減価償却累計額		54,000		13,500				67,500
減価償却費			27,900		27,900			

④　受取家賃勘定の借方と（　　）家賃勘定の貸方に記入された¥5,000から，前受家賃¥5,000を計上したことになる。

（　　）家賃の（　　）に「前受」を記入する。

（借）受取家賃　5,000　（貸）前受家賃　5,000

⑤　受取利息勘定の整理記入欄の貸方と（　　）利息勘定の貸借対照表欄の借方に記入された¥400から，未収利息¥400を計上したことになる。

（借）未収利息　400　（貸）受取利息　400

（　　）利息の（　　）に「未収」を記入し，その借方に¥400を記入する。

受取利息		6,000		400		6,400		
(未収)利息			400				400	

以上で整理記入欄は完成し，その合計額は¥328,500になる。

B．試算表欄の完成

①　Aの3の記入から当座預金勘定の借方に¥200,000を記入する。

当座預金	200,000			(+) 6,000			194,000	

②　Aの1の記入から売掛金勘定の借方に¥202,000を記入する。

売掛金	202,000			(+) 2,000			200,000	

③　Aの2の記入から売上勘定の貸方に¥940,000を記入する。

売上		940,000	(+) 4,000			936,000		

④　受取家賃勘定の貸方に，損益計算書欄貸方の¥20,000と整理記入欄借方の¥5,000から¥25,000を記入する。

受取家賃		25,000	(+) 5,000			20,000		

⑤　Aの2の記入から広告宣伝費勘定の借方に¥54,000を記入する。

広告宣伝費	54,000			(+) 4,000	50,000			

以上で，試算表欄は完成し，その合計額は¥2,114,000になる。

C．損益計算書欄・貸借対照表欄の完成

試算表欄の金額と整理記入欄の金額が同じ側にある場合は加算し，異なる側にある場合は減算し，その金額を損益計算書欄または貸借対照表欄に移す。試算表欄に記入はなく，整理記入欄で初めて記入された勘定は，その種類によって，損益計算書欄または貸借対照表欄に移す（貸倒引当金繰入勘定から未収利息勘定まで）。

〔損益計算書欄完成上の注意点〕

①　受取利息勘定は¥6,000＋¥400＝¥6,400を貸方に記入する。

②　仕入勘定は¥600,000＋¥120,000－¥160,000＝¥560,000を借方に記入する。

③　貸倒引当金繰入勘定は¥3,200を借方に記入する。

④　前受家賃・未収利息の各勘定は費用・収益ではないから，貸借対照表欄に記入することに注意する。

⑤　損益計算書欄の貸方の合計額から借方の合計額を差し引いて当期純利益¥89,300を算出し，借方に記入する。当期純（　　）の（　　）に「利益」を記入する。この金額は貸借対照表欄の当期純利益の額と一致する。

〔貸借対照表欄完成上の注意点〕

①　繰越商品勘定は¥120,000＋¥160,000－¥120,000＝¥160,000を借方に記入する。

②　支払手形勘定は¥160,000－¥6,000＝¥154,000を貸方に記入する。

③　備品減価償却累計額勘定は¥28,800＋¥14,400＝¥43,200を貸方に記入する。

④　資本金勘定は貸方に¥250,000を記入する。

⑤　前受家賃勘定は負債だから，貸方に¥5,000を記入する。

⑥　貸借対照表欄の借方の合計額から貸方に合計額を差し引いて当期純利益¥89,300を算出し，貸方に記入する。この金額は損益計算書欄の当期純利益の額と一致する。

第1問（45点）

取引	借方科目	金額	貸方科目	金額
1	エ(仕入)	700,000	カ(前払金) ウ(当座預金)	80,000 620,000
2	イ(車両減価償却累計額) エ(未収入金) ウ(固定資産売却損)	3,300,000 180,000 120,000	カ(車両)	3,600,000
3	ア(支払家賃) オ(支払手数料) イ(差入保証金)	100,000 200,000 300,000	ウ(普通預金)	600,000
4	イ(旅費交通費)	37,000	ウ(未払金)	37,000
5	ア(クレジット売掛金) ウ(支払手数料)	582,000 18,000	エ(売上)	600,000
6	エ(当座預金)	170,000	イ(電子記録債権)	170,000
7	カ(水道光熱費)	18,000	エ(現金過不足) オ(受取利息) イ(雑益)	14,000 3,000 1,000
8	ウ(当座預金) ア(現金)	200,000 20,000	オ(売上)	220,000
9	ア(当座預金)	500,000	イ(現金)	500,000
10	ア(仕入)	380,000	イ(当座預金) オ(買掛金)	190,000 190,000
11	ア(借入金) イ(支払利息)	500,000 1,300	エ(当座預金)	501,300
12	ア(建物) ウ(修繕費)	10,000,000 3,000,000	オ(普通預金)	13,000,000
13	ア(繰越利益剰余金)	280,000	オ(損益)	280,000
14	ア(未払消費税)	3,000	イ(現金)	3,000
15	イ(消耗品費) ウ(仮払消費税)	6,000 600	エ(未払金)	6,600

仕訳1組につき3点。**合計45点。**

解説

第1問

1．商品を仕入れた取引である。「商品を引き取った」とは，商品を仕入れた意味である。注文時に手付金を支払ったときは，前払金勘定の借方に記入していたので，差し引くためにその貸方に￥80,000と記入する。残額について小切手を振り出したため，当座預金勘定の貸方に￥620,000と記入する。

前払金

(注文時) 80,000	(相殺時) 80,000

仕入

700,000	

当座預金

	(小切手振出) 620,000

2．車両を売却し，代金を後日に受け取る取引である。車両を売却したのだから，車両勘定の貸方と車両減価償却累計額勘定の借方に記入する。車両減価償却累計額勘定は，取得原価から帳簿価額を差し引けばよい。車両運搬具勘定￥3,600,000－￥300,000＝￥3,300,000。売却額￥180,000と帳簿価額￥300,000との差額￥120,000が固定資産売却損勘定となる。代金は，2週間後に振り込んでもらうので，未収入金勘定の借方に記入する。

3．店舗を賃借し，家賃と手数料と敷金を普通預金口座から振り込んだ取引である。家賃は支払家賃勘定の借方に，手数料は支払手数料勘定の借方に，敷金は差入保証金勘定（資産）の借方に記入する。普通預金口座から振り込んだので，普通預金勘定の貸方に記入する。

4．出張していた従業員が帰社し，旅費の領収書を受け取った取引である。旅費の領収書を受け取ったので旅費交通費勘定の借方に記入し，旅費代金は後日支払うこととしたので未払金勘定の貸方に記入する。

5．商品をクレジット払いの条件で販売した取引である。クレジット払いで販売したときは，販売代金は信販会社が代わりに回収するため，信販会社へ手数料を支払うことになる。手数料は支払手数料勘定の借方に￥18,000（￥600,000×３％）を記入し，手数料を差し引いた￥582,000（￥600,000－￥18,000）をクレジット売掛金勘定の借方に記入する。売掛金勘定の借方には記入しないことに注意する。

6．・「電子記録債権（資産）が決済され」

（貸）電子記録債権　170,000

・「当座預金口座に振り込まれた」

（借）当座預金　170,000

7．・「借方に計上していた現金過不足の原因が…判明した」

（貸）現金過不足　14,000

・「水道光熱費（費用）￥18,000の記入もれ」

（借）水道光熱費　18,000

・「受取利息（収益）￥3,000の記入もれ」

（貸）受取利息　3,000

・貸方が￥1,000少ないので雑益とする。

（貸）雑益　1,000

8．・「当店が振り出した小切手で受け取り」

（借）当座預金　200,000

※当店が振り出した小切手を，当店が受け取ったときは当座預金の増加になる。

9．現金を当座預金に預け入れたという取引である。現金が減少し当座預金が増加することに注意する。

10．・「小切手を振出し」

（貸）当座預金　190,000

・「残額は掛け」

（貸）買掛金　190,000

11．・「借入金（負債）が支払期日となり…支払った」

（借）借入金　500,000

・「利息とともに…支払った」

（借）支払利息　1,300

※借入金に対する利息であるから支払利息である。

・「小切手を振出して支払った」

（貸）当座預金　501,300

12．※資本的支出は有形固定資産（本問では建物）で，収益的支出は修繕費（費用）で処理する。

（借）建物　10,000,000
　　　修繕費　3,000,000

・「代金を普通預金口座より支払った」

（貸）普通預金　13,000,000

13．※決算において当期純損益を計上したら，損益勘定から繰越利益剰余金勘定（資本）に振り替える。

・当期純損失を計上したとき損益勘定の残高は借方に生じるので，それを繰越利益剰余金勘定に振り替えるとつぎのようになる。

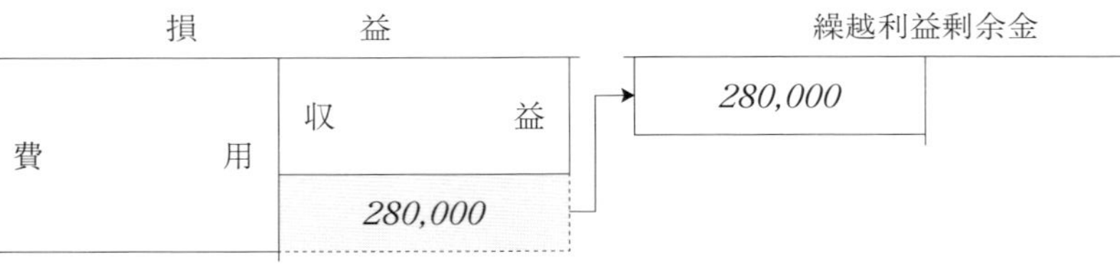

（借）繰越利益剰余金　280,000　（貸）損益　280,000

14．・「未払いであった消費税」から未払消費税（負債）が推定できる。これを納付したので

（借）未払消費税　3,000

・「現金で納付した」

（貸）現金　3,000

15．※納品書とは，品物の発送を知らせる書類である。納品書をみて事務用消耗品の仕訳を行う。

・消耗品の金額は￥6,000である。

（借）消耗品費　6,000

・消費税の仕訳（仕入れたときは仮払消費税をたてる）

（借）仮払消費税　600

・「代金は後日支払うことにした」

（貸）未払金　6,600

第2問（20点）

問 1

A	B	①	②	③
エ（買掛金）	イ（売掛金）	10,000	25,000	150,000

□ 1つにつき2点。**合計10点。**

問 2

A	B	C	①	②
キ（前払保険料）	ウ（損益）	イ（次期繰越）	28,000	30,800

1つにつき2点。**合計10点。**

解　説

第2問

問 1

取引と各伝票の起票面から起票方法を推定し，各伝票の起票面を完成させる問題である。

伝票には入金伝票・出金伝票・振替伝票があり，借方が「現金」と仕訳される入金取引は入金伝票に，貸方が「現金」と仕訳される出金取引は出金伝票に，それ以外の取引は振替伝票に起票する。また，本問の問題文に明記されているように，「いったん全額を掛取引として起票する方法」と「取引を分解して起票する方法」がある。前者は，取引をいったん全額掛けとして振替伝票に起票し，掛け代金の一部を現金で受け取った（または支払った）ことにして入金伝票（または出金伝票）に起票する。後者は，現金取引と掛取引に分解して，現金を受け取った（または支払った）部分は入金伝票（または出金伝票）に起票し，掛取引は振替伝票に起票する。本問では，いずれかを採用しているので，起票方法を推定しなければならない。そのため，各取引を2つの方法にあてはめて仕訳をすると次のようになる。

(1)「いったん全額を掛取引として起票する方法」

（借）仕　　入　110,000　（貸）買 掛 金　110,000 ──→ 振替伝票に記入
（借）買 掛 金　10,000　（貸）現　　金　10,000 ──→ 出金伝票に記入

「取引を分解して起票する方法」

（借）仕　　入　100,000　（貸）買 掛 金　100,000 ──→ 振替伝票に記入
（借）仕　　入　10,000　（貸）現　　金　10,000 ──→ 出金伝票に記入

上記の2つの方法の仕訳から，振替伝票の起票面の借方に仕入勘定¥110,000が起票されているので，「いったん全額を掛取引として起票する方法」で起票されているのがわかる。伝票に起票すると次のようになる。

出金伝票

科　目	金　額
買掛金	10,000

振替伝票

借方科目	金　額	貸方科目	金　額
仕　入	110,000	買掛金	110,000

(2)「いったん全額を掛取引として起票する方法」

（借）売 掛 金　175,000　（貸）売　　上　175,000 ──→ 振替伝票に記入
（借）現　　金　25,000　（貸）売 掛 金　25,000 ──→ 入金伝票に記入

「取引を分解して起票する方法」

（借）売 掛 金　150,000　（貸）売　　上　150,000 ──→ 振替伝票に記入
（借）現　　金　25,000　（貸）売　　上　25,000 ──→ 入金伝票に記入

上記の2つの方法の仕訳から，入金伝票の起票面の科目に売上が起票されているので，「取引を分解して起票する方法」で起票されているのがわかる。伝票に起票すると次のようになる。

入金伝票

科　目	金　額
売　上	25,000

振替伝票

借方科目	金　額	貸方科目	金　額
売掛金	150,000	売　上	150,000

問 2

保険料勘定と前払保険料勘定の勘定面を記入する問題である。

（当期4月1日の期首における再振替仕訳）

毎期11月1日に支払っていた保険料¥48,000は，前期11月1日から向こう1年分を支払ったものだから，前期3月31日の決算時において前払分は当期4月分から10月分までの7か月分である。

$$¥48,000 \times \frac{7か月}{12か月} = ¥28,000$$

4/1　（借）保 険 料　28,000　（貸）前払保険料　28,000

（当期11月1日の支払時の仕訳）

11月1日に向こう1年分の保険料の支払額は10%アップした¥52,800であるので，11月1日の仕訳は次のとおりである。

11/1　（借）保 険 料　52,800　（貸）現　　金　52,800

（当期3月31日の決算時の仕訳）

11月1日に支払った保険料¥52,800は，当期11月1日から向こう1年分を支払ったものだから，当期3月31日の決算時において前払分は次期4月分から10月分までの7か月分である。

$$前払保険料\quad ¥52,800 \times \frac{7か月}{12か月} = ¥30,800$$

3/31　（借）前払保険料　30,800　（貸）保 険 料　30,800

保険料勘定の残高¥50,000を損益勘定に振り替える。

3/31　（借）損　　益　50,000　（貸）保 険 料　50,000

（次期4月1日の期首における再振替仕訳）

4/1　（借）保 険 料　30,800　（貸）前払保険料　30,800

解　答　　第2回模擬

第3問（35点）

精　算　表

勘定科目	残高試算表		修正記入		損益計算書		貸借対照表	
	借方	貸方	借方	貸方	借方	貸方	借方	貸方
現金	83,000		6,000				89,000	
現金過不足	14,000		22,000	36,000				
当座預金	1,062,000		100,000				1,162,000	
受取手形	538,000			100,000			438,000	
売掛金	862,000			60,000			802,000	
繰越商品	638,000		736,000	638,000			736,000	
仮払金	40,000			40,000				
建物	3,000,000						3,000,000	
備品	1,400,000						1,400,000	
土地	2,000,000						2,000,000	
支払手形		528,000						528,000
買掛金		774,000						774,000
仮受金		80,000	80,000					
前受金		26,000		20,000				46,000
貸倒引当金		27,000		10,200				37,200
建物減価償却累計額		1,080,000		108,000				1,188,000
備品減価償却累計額		420,000		210,000				630,000
資本金		6,000,000						6,000,000
繰越利益剰余金		84,000						84,000
売上		7,678,000				7,678,000		
受取配当金		12,000				12,000		
受取地代		660,000		60,000		720,000		
仕入	4,832,000		638,000	736,000	4,734,000			
給料	1,674,000		80,000		1,754,000			
広告宣伝費	504,000		36,000		540,000			
支払保険料	384,000			96,000	288,000			
旅費交通費	212,000		34,000		246,000			
消耗品費	126,000				126,000			
	17,369,000	17,369,000						
雑（益）				22,000		22,000		
貸倒引当金繰入			10,200		10,200			
減価償却費			318,000		318,000			
（前払）保険料			96,000				96,000	
（未収）地代			60,000				60,000	
（未払）給料				80,000				80,000
当期純（利益）					415,800			415,800
			2,216,200	2,216,200	8,432,000	8,432,000	9,783,000	9,783,000

□ 1つにつき3点。┆┆ 1つにつき2点。**合計35点。**

解　説　　模擬試験問題　第2回－3

第3問

［決算日に判明した事項］および［決算整理事項］にもとづいて，精算表を完成する問題である。

〔Ⅰ〕 修正記入欄の記入

［決算日に判明した事項］の仕訳は次のとおりであり，修正記入欄に記入する。

(1) 現金過不足勘定は広告宣伝費￥36,000の記帳もれと判明したので，広告宣伝費勘定の借方に記入する。

（借）広告宣伝費　36,000　（貸）現金過不足　36,000

「そのほかには，依然として原因不明」なので現金過不足勘定は，貸方に￥22,000の残高となる。

(2) ￥40,000概算払いし仮払金勘定で処理していた旅費の精算により，現金￥6,000の戻し入れがあったので，旅費は￥34,000かかったことが確定した。

（借）現　　金　6,000　（貸）仮 払 金　40,000
　　　旅費交通費　34,000

(3) 仮受金￥80,000は売掛金の回収分が￥60,000と前受金の受取分が￥20,000であることが判明したので，売掛金勘定の貸方と前受金勘定の貸方に記入する。

（借）仮 受 金　80,000　（貸）売 掛 金　60,000
　　　　　　　　　　　　　　　前 受 金　20,000

(4) 取立依頼をしていた約束手形￥100,000の決済により当座預金に入金された連絡を受けたので，受取手形勘定の貸方と当座預金勘定の借方に記入する。

（借）当座預金　100,000　（貸）受取手形　100,000

［決算整理事項］の仕訳は次のとおりであり，修正記入欄に記入する。

(1) 商品の期末棚卸高が示してあるので，売上原価を算出する処理を行う。売上原価は，次の計算式にもとづいて算出する。期首棚卸高は，残高試算表欄の繰越商品の金額￥638,000である。仕入高は，残高試算表欄の仕入の金額￥4,832,000である。

期首商品棚卸高 ＋ 仕　入　高 － 期末商品棚卸高 ＝ 売 上 原 価
￥638,000 ＋ ￥4,832,000 － ￥736,000 ＝ ￥4,734,000

上の計算式にもとづいて仕訳を行えば，次のとおりである。

① 期首商品棚卸高を繰越商品勘定から仕入勘定の借方に振り替える。

（借）仕　　入　638,000　（貸）繰越商品　638,000

② 期末商品棚卸高を仕入勘定から繰越商品勘定の借方に振り替える。

（借）繰越商品　736,000　（貸）仕　　入　736,000

勘定科目	残高試算表		修正記入		損益計算書		貸借対照表	
	借方	貸方	借方	貸方	借方	貸方	借方	貸方
繰越商品	638,000		736,000	638,000			736,000	
仕入	4,832,000		638,000 (+)	736,000 (−)	4,734,000			

(2)　受取手形と売掛金の期末残高に対して，３％の貸倒引当金を設定する。
設定対象額は次のように計算する。

受取手形勘定残高　¥538,000－(〔Ⅰ〕(4))¥100,000＝¥438,000
売掛金勘定残高　¥862,000－(〔Ⅰ〕(3))¥60,000＝¥802,000
貸倒引当金設定額　(¥438,000＋¥802,000)×0.03＝¥37,200

差額補充法とは，貸倒引当金の設定額から貸倒引当金残高¥27,000を差し引いた差額を補充して繰り入れる方法である。繰入額は次のように計算する。

補充する繰入額　¥37,200－¥27,000＝¥10,200

貸倒引当金			貸倒引当金繰入	
設定額 37,200	(期末残高)	27,000	(繰入額) 10,200	
	(繰入額)	10,200		

（借）貸倒引当金繰入　10,200　（貸）貸倒引当金　10,200

(3)　定額法による減価償却費は，次の計算式で求める。

減価償却費　$\frac{取得原価－残存価額}{耐用年数}$

建物の減価償却費　$\frac{¥3,000,000－¥300,000}{25年}$ ＝¥108,000

備品の減価償却費　$\frac{¥1,400,000－¥140,000}{6年}$ ＝¥210,000

したがって，減価償却費合計額は¥108,000(建物)＋¥210,000(備品)＝¥318,000となる。

（借）減価償却費　318,000　（貸）建物減価償却累計額　108,000
　　　　　　　　　　　　　　　　備品減価償却累計額　210,000

(4)　現金過不足勘定の貸方残高¥22,000は，原因不明のままなので雑益勘定へ振り替える。

（借）現金過不足　22,000　（貸）雑　益　22,000

勘定科目	残高試算表		修正記入		損益計算書		貸借対照表	
	借方	貸方	借方	貸方	借方	貸方	借方	貸方
現金過不足	14,000		22,000	36,000				
広告宣伝費	504,000		36,000		540,000			
雑　益				22,000		22,000		

(5)　保険料は，当期７月１日に向こう１年分を前払いしたものだから，翌年３月31日の決算時における前払分は翌年４月分から６月分までの３か月分であり，前払保険料は次のように計算できる。

前払保険料　¥384,000×$\frac{3か月}{12か月}$＝¥96,000

（借）前払保険料　96,000　（貸）支払保険料　96,000

(6)　当店が保有し賃貸している土地に対する受取地代の未収分¥60,000を計上する。

（借）未収地代　60,000　（貸）受取地代　60,000

(7)　従業員４人に対する今月の給料日後，決算日までの給料の未払分を計上する。

給料未払分　@¥20,000×４人＝¥80,000

（借）給　料　80,000　（貸）未払給料　80,000

〔Ⅱ〕　損益計算書欄・貸借対照表欄の完成

残高試算表欄・修正記入欄の金額を損益計算書欄と貸借対照表欄に移す。資産・負債・純資産に属する勘定は貸借対照表欄に，費用・収益に属する勘定は損益計算書欄に移す。修正記入欄に記入がある場合は，左ページに一部示したように，残高試算表欄の金額と同じ側にある場合は加算し，異なる側にある場合は減算する。また，修正記入欄に新たに記入された勘定科目の金額は，費用・収益に属する勘定は損益計算書欄に，資産・負債・純資産に属する勘定は貸借対照表欄に移す。前払保険料・未収地代は資産であるから貸借対照表欄の借方に，未払給料は負債であるから貸方に移す。

次に，損益計算書欄の貸方合計額から借方合計額を差し引いて当期純利益を算出し，借方記入する。また，貸借対照表欄の借方合計額から貸方合計額を差し引いて当期純利益を算出し，貸方記入する。損益計算書欄と貸借対照表欄の両方の当期純利益は必ず一致する。

解　答

第1問（45点）

取引	仕訳 借方科目	金額	貸方科目	金額
1	イ（仕入）	303,000	エ（前払金） オ（買掛金） ア（現金）	30,000 270,000 3,000
2	オ（現金） エ（売掛金） ウ（発送費）	350,000 250,000 6,000	カ（売上） ア（当座預金）	600,000 6,000
3	ア（備品） カ（消耗品費）	629,800 36,000	ウ（未払金） エ（当座預金）	656,000 9,800
4	イ（仮払法人税等）	625,000	ア（現金）	625,000
5	イ（売上）	25,500	エ（売掛金）	25,500
6	ア（現金）	3,000	イ（現金過不足）	3,000
7	ア（仕入）	60,000	エ（当座預金）	60,000
8	イ（仕入）	550,000	ウ（買掛金）	550,000
9	エ（普通預金）	220,000	ア（仮受金）	220,000
10	イ（電子記録債務）	250,000	ウ（当座預金）	250,000
11	ウ（電子記録債権）	280,000	ア（売掛金）	280,000
12	ウ（現金）	1,000,000	ア（役員借入金）	1,000,000
13	エ（繰越利益剰余金）	176,000	ウ（未払配当金） イ（利益準備金）	160,000 16,000
14	ア（貸倒引当金）	30,000	エ（売掛金）	30,000
15	オ（売掛金）	300,000	ア（売上）	300,000

仕訳1組につき3点。**合計45点。**

解　説

第1問

1．商品を仕入れた取引である。注文しておいた商品を受け取ったということは，商品を仕入れたということなので，仕入勘定の借方に記入する。注文時に支払った内金は前払金勘定の借方に記入してあるので，代金と相殺するためにその貸方に記入する。残額を月末に支払う場合は，商品代金であるから買掛金勘定の貸方に記入する。「月末に支払う」という表現にまどわされ，未払金勘定に記入する誤りが多い。引取運賃は仕入勘定に含めることに注意する。

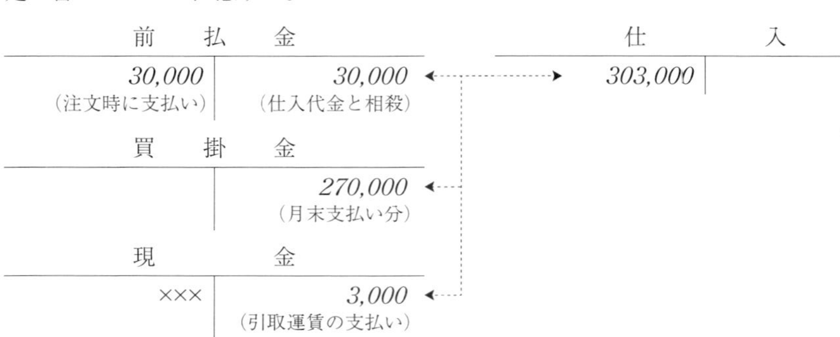

2．商品を売り渡し，代金のうち一部は小切手を受け取り，残額は月末に受け取ることにするとともに，当店負担の発送運賃を小切手を振り出した取引である。小切手を受け取ったときは，現金勘定の借方に￥350,000を記入する。月末に受け取る残額については，商品代金の残額であるから売掛金勘定の借方に記入する。未収入金勘定の借方に記入する誤りが多い。

3．備品と消耗品を購入し，代金は月末払いとした取引である。パソコンは，備品勘定で処理する。1台￥124,000なので5台で￥620,000である。文房具代￥36,000は購入時に消耗品費勘定で処理する。また，パソコンのセッティング費用￥9,800は，パソコンの取得原価に含めて処理する。

備品	
620,000……@￥124,000×5台	
9,800……パソコンのセッティング費用	

未払金	
	656,000

消耗品費	
文房具 36,000	

当座預金	
	9,800

4．中間申告を行い，法人税，住民税および事業税を現金で納付した取引である。法人税，住民税及び事業税を中間申告で納付したときは，仮払法人税等勘定の借方に記入する。

5．掛売りしていた商品が破損し返品された取引である。掛売りしていた商品が返品されたときには，それだけ売上高が減少するのだから，売上勘定の借方に￥25,500（3個×@￥8,500）を記入すると同時に，売掛金も減少するのだから，売掛金勘定の貸方にも￥25,500（3個×@￥8,500）と記入する。

売掛金	
	（返品高） 25,500

売上	
（返品高） 25,500	

6．※実際有高が帳簿残高より多いので現金過剰である。
・現金過剰は現金過不足勘定の貸方記入である。
　　　　（貸）現金過不足　3,000
・現金過不足の相手勘定科目は現金である。
　（借）現　　金　3,000

7．・「商品を仕入れ」
　（借）仕　　入　60,000
・「小切手を振り出した」
　　　　（貸）当座預金　60,000
※小切手を振り出すと当座預金（資産）が減少する。

8．・「中古車を￥550,000で購入し」
　（借）仕　　入　550,000
・「代金は月末に支払うことにした」
　　　　（貸）買掛金　550,000
※中古車の販売業者にしてみれば，中古車は商品であるから仕入勘定で処理する。したがって代金の支払いも買掛金で処理する。

9．・「普通預金口座へ振込みがあった」
　（借）普通預金　220,000
・「振込みがあったが，その内容は不明」
　　　　（貸）仮受金　220,000

10．・「電子記録債務が…決済された」
電子記録債務（負債）が決済されたので
　（借）電子記録債務　250,000
・「当座預金口座から決済された」
　　　　（貸）当座預金　250,000

11．※「売掛金について…電子記録債権の発生記録を請求した」とき，売掛金から電子記録債権（資産）に振り替える。
　（借）電子記録債権　280,000　（貸）売掛金　280,000

12．・「役員から…借り入れ，借用証書を差し入れた」
　（借）現　　金　1,000,000　（貸）役員借入金　1,000,000
※役員からの借入れは，一般の借入れと区別して役員借入金勘定（負債）で処理する。

13．・「繰越利益剰余金の一部を…処分する」
　（借）繰越利益剰余金　176,000
・「配当金￥160,000」
※繰越利益剰余金のうち￥160,000を配当金に使うということであるが，それが承認されただけであるから，未払配当金（負債）として処理する。
　　　　（貸）未払配当金　160,000
・「利益準備金の積立て￥16,000」
　　　　（貸）利益準備金　16,000

14．・「売掛金が貸倒れになった」
　　　　（貸）売掛金　30,000
※前期に発生した売掛金に対しては，前期末決算で貸倒引当金を設定したので，貸倒れになったときは貸倒引当金（売掛金の評価勘定）と相殺する。
　（借）貸倒引当金　30,000

15．・取引を仕訳すると次のようになる。
　（借）現　　金　33,000　（貸）売　　上　333,000
　　　　売掛金　300,000
・入金伝票を仕訳になおすと次のようになる。
　（借）現　　金　33,000　（貸）売　　上　33,000
・以上から，取引を現金取引と振替取引に分けて起票する方法であることがわかる。
・振替伝票の記入
　（借）売掛金　300,000　（貸）売　　上　300,000

第2問（20点）

問1

①	②	③	④	⑤
ア（前期繰越）	エ（当座預金）	イ（次期繰越）	キ（減価償却費）	キ（減価償却費）

(a)	(b)	(c)	(d)	(e)
¥ 600,000	¥ 400,000	¥ 60,000	¥ 70,000	¥ 130,000

□ 1つにつき2点。**合計10点。**

問2

1.

日付＼補助簿	現金出納帳	当座預金出納帳	商品有高帳	売掛金元帳（得意先元帳）	買掛金元帳（仕入先元帳）	仕入帳	売上帳	固定資産台帳
1日		○						○
9日			○		○	○		
15日	○			○				

2.

振替伝票			
借方科目	金額	貸方科目	金額
イ（売掛金）	（400,000）	ウ（売上）	（400,000）

3. ¥（7,500）

□ 1つにつき2点。**合計10点。**

解説

第2問

問1

○4年4月1日から○6年3月31日までの取引より，備品勘定と備品減価償却累計額勘定の記入面を完成する問題である。

各取引を仕訳すると，次のとおりである。

○4年

4月1日　（借）備　　　品　600,000　（貸）当座預金　600,000

○5年

3月31日　（借）減価償却費　60,000　（貸）備品減価償却累計額　60,000

定額法による減価償却費は，次の計算式で求める。残存価額がゼロの点に注意する。

減価償却費 → $\dfrac{\text{取得原価}-\text{残存価額}}{\text{耐用年数}}$

備品（¥600,000）の減価償却費 → $\dfrac{¥600,000-¥0}{10年}$ ＝ ¥60,000

○6年

1月1日　（借）備　　　品　400,000　（貸）当座預金　400,000

3月31日　（借）減価償却費　70,000　（貸）備品減価償却累計額　70,000

減価償却費は次のように求める。残存価額がゼロの点に注意し，備品¥400,000は1月1日に購入しているので，決算日の3月31日までの3か月分の月割り計算になる。

減価償却費 → $\dfrac{\text{取得原価}-\text{残存価額}}{\text{耐用年数}}$

備品（¥600,000）の減価償却費 → $\dfrac{¥600,000-¥0}{10年}$ ＝ ¥60,000…①

備品（¥400,000）の減価償却費 → $\dfrac{¥400,000-¥0}{10年}\times\dfrac{3か月}{12か月}$

＝ ¥10,000…②

減価償却費勘定　①¥60,000＋②¥10,000＝¥70,000

問2

各取引にもとづいて，どの補助簿に記入されるか，振替伝票への起票，決算日における減価償却費の金額を問う問題である。

1．1日，9日および15日の取引の仕訳は次のとおりである。

1日　（借）備　　　品　450,000　（貸）当座預金　450,000

引取運賃¥15,000は備品勘定に含める。有形固定資産を購入したので，固定資産台帳にも記入する。

9日　（借）仕　　　入　175,000　（貸）前　払　金　25,000
　　　　　　　　　　　　　　　　（貸）買　掛　金　150,000

仕入帳だけでなく，商品有高帳にも記入することに注意する。

15日　（借）現　　　金　45,000　（貸）売　掛　金　45,000

2．「いったん全額を掛取引として起票する方法」

27日　（借）売　掛　金　400,000　（貸）売　　　上　400,000
→振替伝票に記入

（借）現　　　金　25,000　（貸）売　掛　金　25,000
→入金伝票に記入

「取引を分解して起票する方法」

27日　（借）売　掛　金　375,000　（貸）売　　　上　375,000
→振替伝票に記入

（借）現　　　金　25,000　（貸）売　　　上　25,000
→入金伝票に記入

上記の2つの方法の仕訳から，入金伝票の起票面に売掛金¥25,000が起票されているので，「いったん全額を掛取引として起票する方法」で起票されているのがわかる。

3．31日に計上される減価償却費の金額を問う問題である。

31日　（借）減価償却費　7,500　（貸）備品減価償却累計額　7,500

備品の減価償却費　$\dfrac{¥450,000-¥0}{5年}\times\dfrac{1か月}{12か月}$ ＝ ¥7,500

第3問（35点）

貸借対照表
20×9年3月31日　（単位：円）

資産			負債・純資産	
現金		630,000	買掛金	1,280,000
普通預金		246,000	未払金	（6,000）
受取手形	（820,000）		借入金	600,000
売掛金	（700,000）		（未払）費用	（14,000）
（貸倒引当金）	（△ 15,200）	（1,504,800）	前受収益	（80,000）
商品		（630,000）	資本金	10,000,000
（前払）費用		（4,000）	繰越利益剰余金	（1,194,801）
建物	（2,000,000）			
減価償却累計額	（△ 440,000）	（1,560,000）		
備品	（900,000）			
減価償却累計額	（△ 899,999）	（1）		
土地		8,600,000		
		（13,174,801）		（13,174,801）

損益計算書
20×8年4月1日から20×9年3月31日まで　（単位：円）

費用		収益	
売上原価	（7,880,000）	売上高	9,564,600
給料	（1,332,600）	受取地代	（960,000）
支払手数料	160,000		
水道光熱費	（164,000）		
通信費	130,000		
旅費交通費	（66,000）		
減価償却費	（200,000）		
貸倒引当金繰入	（4,800）		
支払利息	（16,000）		
固定資産（売却損）	（280,000）		
当期純（利益）	（291,200）		
	（10,524,600）		（10,524,600）

［実線枠］1つにつき5点。［破線枠］1つにつき3点。**合計35点。**

第3問

決算整理前残高試算表と決算整理事項等にもとづいて，貸借対照表と損益計算書を完成させる問題である。なお，決算日は20×9年3月31日で，会計期間は20×8年4月1日から20×9年3月31日までの1年間である。

【決算整理事項等の仕訳】

1．旅費交通費の未処理の取引である。従業員が立替払いした旅費交通費は旅費交通費勘定の借方に記入し，従業員には翌月に支払っているので未払金勘定の貸方に記入する。

（借）旅費交通費　6,000　（貸）未払金　6,000

2．車両運搬具を売却したが，仮受金として処理していたので，それを適切に修正する取引である。受け取った代金を仮受金として処理しただけとは，仮受金勘定の貸方に記入してあったということなので，仮受金を減少させるため借方に記入する。すべての車両運搬具を売却したのだから，車両運搬具勘定の貸方に￥960,000と車両運搬具減価償却累計額勘定の借方に￥160,000を記入する。3月末に売却しているので，当期分の減価償却費を減価償却費勘定の借方に記入する。減価償却費は次のように計算する。

$$減価償却費 \quad \frac{取得原価 - 残存価額}{耐用年数}$$

$$車両運搬具の減価償却費 \quad \frac{￥960,000 - ￥0}{6年} = ￥160,000$$

売却額￥360,000と帳簿価額￥640,000（￥960,000－￥160,000－￥160,000）との差額￥280,000が固定資産売却損勘定となる。

（借）	仮受金	360,000	（貸）車両運搬具	960,000
	車両運搬具減価償却累計額	160,000		
	減価償却費	160,000		
	固定資産売却損	280,000		

3．期末商品棚卸高￥630,000が示してあるので，売上原価を算出する処理を行う。売上原価勘定は次の計算式にもとづいて算出する。

期首商品棚卸高は決算整理前残高試算表の繰越商品の金額￥600,000である。当期純仕入高は決算整理前残高試算表の仕入の金額￥7,910,000である。

期首商品棚卸高 ＋ 当期純仕入高 － 期末商品棚卸高 ＝ 売上原価
￥600,000 ＋ ￥7,910,000 － ￥630,000 ＝ ￥7,880,000

仕訳は次のとおりである。

① 期首商品棚卸高を繰越商品勘定から仕入勘定の借方に振り替える。

（借）仕入　600,000　（貸）繰越商品　600,000

② 期末商品棚卸高を仕入勘定から繰越商品勘定の借方に振り替える。

（借）繰越商品　630,000　（貸）仕入　630,000

繰越商品

期首商品棚卸高 600,000	600,000
期末商品棚卸高 630,000	

仕　　入

① 期首商品棚卸高 600,000	売上原価 7,880,000
当期純仕入高 7,910,000	期末商品棚卸高 630,000 ②

4．定額法による減価償却費は次の計算式で求める。残存価額が0（ゼロ）であることに注意する。

$$減価償却費 = \frac{取得原価 - 残存価額}{耐用年数}$$

$$建物の減価償却費 \quad \frac{¥2,000,000 - ¥0}{50年} = ¥40,000$$

（借）減価償却費　40,000　（貸）建物減価償却累計額　40,000

5．備品の減価償却は，「今年度の減価償却は不要であり，決算整理前残高試算表の金額をそのまま貸借対照表へ記載する」と指示があるので仕訳なしとなり，備品勘定¥900,000と備品減価償却累計額勘定¥899,999を貸借対照表に記載する。

6．受取手形および売掛金の期末残高に対して差額補充法により1％の貸倒れを見積もる。

受取手形勘定　¥820,000　　売掛金勘定　¥700,000
貸倒引当金勘定　¥10,400
貸倒引当金設定額　（¥820,000＋¥700,000）×1％＝¥15,200
貸倒引当金繰入額　¥15,200－¥10,400＝¥4,800

貸倒引当金

（設定額）¥15,200	（期末残高）10,400
	（繰入額）4,800

貸倒引当金繰入

（繰入額）4,800	

（借）貸倒引当金繰入　4,800　（貸）貸倒引当金　4,800

7．水道光熱費の未払分を計上する。

（借）水道光熱費　14,000　（貸）未払費用　14,000

8．支払利息の前払分を計上する。

（借）前払費用　4,000　（貸）支払利息　4,000

9．受取地代の前受分を計上する。受取地代¥1,040,000は来期4月分を含む13か月分であるため，決算時において前受分は1か月分である。前受収益は次のように計算できる。

$$前受収益 \quad ¥1,040,000 \times \frac{1か月}{13か月} = ¥80,000$$

（借）受取地代　80,000　（貸）前受収益　80,000

【貸借対照表の作成】

① 受取手形には残高¥820,000を，売掛金には残高¥700,000を，その下の（　）には貸倒引当金（¥820,000＋¥700,000）×1％＝¥15,200を記入し，¥820,000＋¥700,000－¥15,200＝¥1,504,800を右欄に記入する。

② 商品には期末商品棚卸高¥630,000を記入する。

③ （　）費用の（　）に前払と記入し，8.¥4,000を記入する。

④ 建物には残高¥2,000,000を，その下の減価償却累計額には残高¥400,000に当期の建物減価償却累計額4.¥40,000を加算した¥400,000＋¥40,000＝¥440,000を記入し，¥2,000,000－¥440,000＝¥1,560,000を右欄に記入する。

⑤ 備品には残高¥900,000を，その下の減価償却累計額には残高¥899,999を記入し，¥900,000－¥899,999＝¥1を右欄に記入する。

⑥ 未払金には1.¥6,000を記入する。

⑦ （　）費用の（　）に未払を記入し，7.¥14,000を記入する。

⑧ 前受収益には9.¥80,000を記入する。

⑨ 繰越利益剰余金には，借方合計¥13,174,801から貸方の資本金までの合計額¥11,980,000を差し引き，繰越利益剰余金¥1,194,801を算出する。

【損益計算書の作成】

① 受取地代には前受分9.¥80,000を減算した残高¥1,040,000－¥80,000＝¥960,000を記入する。

② 売上原価には3.で算出した¥7,880,000を記入する。

③ 水道光熱費には未払分7.¥14,000を加算した残高¥150,000＋¥14,000＝¥164,000を記入する。

④ 旅費交通費には1.¥6,000を加算した残高¥60,000＋¥6,000＝¥66,000を記入する。

⑤ 減価償却費には2.と4.で算出した¥160,000＋¥40,000＝¥200,000を記入する。

⑥ 貸倒引当金繰入には6.で算出した¥4,800を記入する。

⑦ 支払利息には前払分8.¥4,000を減算した残高¥20,000－¥4,000＝¥16,000を記入する。

⑧ 固定資産（　）の（　）に売却損を記入し，2.で算出した¥280,000を記入する。

⑨ 当期純（　）に利益を記入し，貸方合計¥10,524,600から借方の固定資産（売却損）までの合計額¥10,233,400を差し引き，当期純利益¥291,200を算出する。

第1問（45点）

取引	仕		訳	
	借方科目	金額	貸方科目	金額
1	ア(通信費) エ(旅費交通費) オ(雑費)	*27,000* *35,000* *8,500*	カ(当座預金)	*70,500*
2	ウ(受取利息)	*16,000*	ア(未収利息)	*16,000*
3	ウ(貸倒引当金) エ(貸倒損失)	*160,000* *240,000*	イ(売掛金)	*400,000*
4	ウ(所得税預り金)	*185,000*	ア(現金)	*185,000*
5	ア(仕入)	*300,000*	オ(当座預金)	*300,000*
6	ア(当座預金)	*340,000*	イ(売掛金)	*340,000*
7	ア(買掛金)	*160,000*	エ(現金)	*160,000*
8	ア(買掛金)	*410,000*	ウ(電子記録債務)	*410,000*
9	イ(現金過不足)	*1,000*	ア(受取手数料)	*1,000*
10	イ(借入金)	*1,000,000*	ウ(当座預金)	*1,000,000*
11	カ(貸付金)	*500,000*	ウ(受取利息) エ(普通預金)	*1,500* *498,500*
12	エ(未払配当金)	*400,000*	イ(当座預金)	*400,000*
13	ウ(仮払法人税等)	*1,250,000*	オ(普通預金)	*1,250,000*
14	ウ(給料)	*250,000*	エ(所得税預り金) ア(社会保険料預り金) オ(普通預金)	*16,000* *20,000* *214,000*
15	ア(クレジット売掛金) オ(支払手数料) カ(現金)	*76,000* *4,000* *74,000*	イ(売上) ウ(仮受消費税)	*140,000* *14,000*

仕訳1組につき3点。**合計45点。**

解　説

第1問

1．小口現金を補給した取引である。支払いの報告を受けたとき，支払額と同額を補給するのが定額資金前渡制度である。支払いの報告を受けたときは，それぞれの費用の勘定の借方に記入するとともに，ただちに小切手を振り出して支払額と同額¥*70,500*を補給したのだから，当座預金勘定の貸方に¥*70,500*を記入する。

2．未収利息について再振替仕訳を行った取引である。前期の決算整理において未収利息¥*16,000*を計上した仕訳は，（借）未収利息　*16,000*　（貸）受取利息　*16,000*　となる。当期首における再振替では，未収利息を受取利息勘定の借方に振り替えることになるので，前記仕訳の反対仕訳になる。

3．売掛金が回収不能となって貸倒れとした取引である。貸倒れとして処理するときは，貸倒引当金が設けてある場合はその借方に記入して相殺する。貸倒引当金の残高よりも多く貸倒れが発生したときは，不足分は貸倒損失勘定の借方に記入する。一方，売掛金勘定の貸方に貸倒れとして処理した金額を記入して，売掛金を減少させる。

売掛金	
×××	400,000（貸倒れ額）

（相殺）→

貸倒引当金	
160,000	（残　高）160,000

（不足分）→

貸倒損失	
240,000	

4．源泉徴収していた所得税を税務署に納付した取引である。源泉徴収していた所得税は，従業員の給料を支払うとき，給料から差し引いて預かったもので，所得税預り金勘定（負債）の貸方に記入してある。それを税務署に納付したのだから，その借方に記入して減少させる。

現金	
×××	185,000（納　付）

所得税預り金（負債）	
（納付時）185,000	（給料支払い時）185,000

5．商品を仕入れ，小切手を振り出して支払ったが，当座預金残高が不足しており，当座借越となった取引である。商品を仕入れたときは，仕入勘定の借方に¥300,000を記入する。当座預金の残高を超えて小切手を振り出しているが，超過額¥300,000－¥250,000＝¥50,000 も含めて当座預金勘定の貸方に¥300,000を記入する。なお，決算整理で超過額¥50,000は当座借越勘定または借入金勘定に振り替える処理をする。

6．・「売掛金を…受け取った」は，売掛金（資産）を回収したということである。

（貸）売　掛　金　340,000

・「同社振出しの小切手で受け取り，ただちに当座預金に預け入れた」

（借）当 座 預 金　340,000

※同社とは，旭川商事のことである。このように他の会社が振り出す小切手は「他店振り出しの小切手」といい，現金として処理する。なお，本問は「ただちに当座預金に預け入れた」とあるので，当座預金の増加とする。

7．・「買掛金を支払うため…支払った」

（借）買　掛　金　160,000

・「山口商店から受け取った小切手」は他店振出しの小切手であるから，現金として扱う。

（貸）現　　　金　160,000

8．※「買掛金について，電子記録債務の発生記録を請求した」とき，買掛金から電子記録債務（負債）に振り替える。

（借）買　掛　金　410,000　（貸）電子記録債務　410,000

9．・「貸方に計上していた現金過不足勘定の原因…判明した」

（借）現金過不足　1,000

・受取手数料（収益）の計上が¥1,000少なかった。

（貸）受取手数料　1,000

10．・「借り入れていた¥1,000,000」より，借入金（負債）が推定できる。

・その借入金の「返済期日がきて…引き落とされた」

（借）借　入　金　1,000,000

・「当座預金口座より引き落とされた」

（貸）当 座 預 金　1,000,000

11．・「¥500,000を貸し付け」より，貸付金（資産）が推定できる。

（借）貸　付　金　500,000

・「利息を差し引いた」

（貸）受 取 利 息　1,500

※貸付金に対する利息であるから受取利息である。

・「差し引いた残額を普通預金口座から…振り込んだ」

（貸）普 通 預 金　498,500

12．・「株主総会で承認された株主への配当金」から未払配当金（負債）が推定できる。これを支払ったので

（借）未払配当金　400,000

・「当座預金口座から支払った」

（貸）当 座 預 金　400,000

13．・「法人税等の中間申告を行い…納付した」

（借）仮払法人税等　1,250,000

※仮払法人税等は資産の勘定である。

・「普通預金口座より納付した」

（貸）普 通 預 金　1,250,000

14．・「給料の支払い」

（借）給　　　料　250,000

・「所得税の源泉徴収額¥16,000を差し引いた」

（貸）所得税預り金　16,000

・「従業員負担の社会保険料¥20,000を差し引いた」

（貸）社会保険料預り金　20,000

・「差し引いた金額を，普通預金口座から…振り込んだ」

（貸）普 通 預 金　214,000

15．※売上集計表であるから貸方は売上になる。

・売上の金額は¥140,000である。

（貸）売　　　上　140,000

・「合計額のうち¥80,000はクレジットカードによる売上である」
ただし，支払手数料を差し引いた金額である。

（借）クレジット売掛金　76,000

・クレジット会社への支払手数料¥4,000（¥80,000×５%）

（借）支払手数料　4,000

・消費税の仕訳（売ったときは仮受消費税を立てる）

（貸）仮受消費税　14,000

・「残額が現金による売上である」

（借）現　　　金　74,000

第2問（20点）

問 1

	借方科目	金額	貸方科目	金額
①	エ(売上原価)	390,000	ア(繰越商品)	390,000
②	エ(売上原価)	4,770,000	ウ(仕入)	4,770,000
③	ア(繰越商品)	315,000	エ(売上原価)	315,000
④	オ(損益)	4,845,000	エ(売上原価)	4,845,000

仕訳1組につき①と②は2点，③と④は3点。**合計10点。**

問 2

	借方科目	金額	貸方科目	金額
(1)	エ(貯蔵品)	120,000	ケ(通信費) コ(租税公課)	20,000 100,000
(2)	シ(現金過不足)	36,000	ア(現金)	36,000
(3)	ク(広告宣伝費) サ(雑損)	76,000 4,000	シ(現金過不足) カ(前受金)	36,000 44,000

(1)と(2)は3点，(3)は4点。**合計10点。**

第2問

問 1

売上原価勘定を用いて，売上原価を算定するのに必要な決算仕訳を問う問題である。

売上原価の算定はふつう仕入勘定で行うが，売上原価勘定を用いて行うこともある。売上原価勘定を用いて売上原価を算定する方法は次のとおり行う。

期首商品棚卸高＋当期商品仕入高－期末商品棚卸高＝売上原価

この計算式にもとづいて，売上原価勘定に記入して売上原価を求める。

売　上　原　価

	借方	貸方	
繰越商品勘定より →	期首商品棚卸高	期末商品棚卸高	→ 繰越商品勘定へ
仕入勘定より →	当期商品仕入高	売上原価	→ 損益勘定へ

① 期首商品棚卸高を繰越商品勘定から売上原価勘定の借方に振り替える。
　（借）売上原価　×××　（貸）繰越商品　×××

② 当期商品仕入高を仕入勘定から売上原価勘定の借方に振り替える。
　（借）売上原価　×××　（貸）仕入　×××

③ 期末商品棚卸高を売上原価勘定から繰越商品勘定の借方に振り替える。
　（借）繰越商品　×××　（貸）売上原価　×××

④ 売上原価を売上原価勘定から損益勘定の借方に振り替える。
　（借）損益　×××　（貸）売上原価　×××

問 2

現金の実際有高の確認のため，金庫の中を調査した問題である。

(1) 郵便切手と収入印紙は，購入時に通信費勘定と租税公課勘定の借方に記入している。決算日に未使用が判明した場合は貯蔵品勘定に振り替える。

(2) 金庫の中に保管されていた紙幣・硬貨・送金小切手・郵便為替証書・他社振出しの小切手は，現金勘定となるので，￥200,000＋￥10,000＋￥80,000＋￥78,000＋￥76,000＝￥444,000が実際有高となる。現金勘定の帳簿残高は￥480,000であるので，実際有高が帳簿残高より￥36,000（￥480,000－￥444,000）不足しているため，現金勘定の貸方と現金過不足勘定の借方に記入する。

(3) 上記(2)の原因を調査したので，現金過不足勘定の貸方に記入する。原因は広告宣伝費￥76,000の支払いと手付金￥44,000の受取りの記帳がもれていることが判明したので，広告宣伝費勘定の借方と前受金勘定の貸方に記入する。借方と貸方の差額￥4,000が借方に算出されるので，雑損勘定の借方に記入する。

第3問（35点）

貸借対照表
○2年3月31日

資産			負債・純資産	
現金		(125,000)	支払手形	(75,000)
当座預金		(189,000)	買掛金	(102,700)
受取手形	(130,000)		前受収益	(34,500)
(貸倒引当金)	(3,900)	(126,100)	資本金	(1,800,000)
売掛金	(140,000)		繰越利益剰余金	(741,600)
(貸倒引当金)	(4,200)	(135,800)		
商品		(40,500)		
前払費用		(18,400)		
未収収益		(4,000)		
貸付金		(600,000)		
建物	(750,000)			
(減価償却累計額)	(135,000)	(615,000)		
土地		(900,000)		
		(2,753,800)		(2,753,800)

損益計算書
○1年4月1日から○2年3月31日まで

費用		収益	
売上原価	(4,569,700)	売上高	5,862,500
給料	(456,000)	受取地代	(138,000)
貸倒引当金繰入	(7,100)	(受取利息)	(4,000)
減価償却費	(27,000)	受取配当金	(32,000)
旅費交通費	(242,500)		
水道光熱費	60,500		
保険料	(27,600)		
通信費	39,000		
支払手数料	21,500		
消耗品費	(19,000)		
当期純(利益)	(566,600)		
	(6,036,500)		(6,036,500)

実線枠 1つにつき5点。点線枠 1つにつき3点。**合計35点。**

第3問

残高試算表と決算整理事項等にもとづいて，貸借対照表と損益計算書を完成する問題である。

まず，決算整理事項等を仕訳して，残高試算表の該当勘定に加減する。このさい，残高試算表にない勘定については，直接，仕訳の金額を答案用紙の該当箇所に記入する。次に，貸借対照表に関する勘定（資産・負債・純資産）と，損益計算書に関する勘定（費用・収益）を区別して，貸借対照表と損益計算書を完成する。

〔Ⅰ〕決算整理事項等の仕訳は，次のとおりである。

1．（借）仮受金　25,000　（貸）売掛金　25,000

仮受金の内容が売掛金の回収額であることが判明したので，仮受金勘定の借方に￥25,000を記入するとともに，売掛金勘定の貸方にも￥25,000を記入する。

2．（借）買掛金　1,300　（貸）仕入　1,300

掛けで仕入れた商品の一部を返品したので，買掛金勘定の借方に￥1,300を記入するとともに，仕入勘定の貸方にも￥1,300を記入する。

3．（借）仕入　39,000　（貸）繰越商品　39,000

期首商品棚卸高（残高試算表の繰越商品￥39,000）を，繰越商品勘定から仕入勘定に振り替える。

（借）繰越商品　40,500　（貸）仕入　40,500

期末商品棚卸高（決算整理事項等3.￥40,500）を，仕入勘定から繰越商品勘定に振り替える。

4．（借）貸倒引当金繰入　7,100　（貸）貸倒引当金　7,100

受取手形残高　￥130,000×3％＝￥3,900
売掛金残高　￥165,000－￥25,000＝￥140,000×3％＝￥4,200
￥8,100

差額補充法なので，貸倒引当金設定額￥8,100から，残高試算表の貸倒引当金残高￥1,000を差し引いた￥7,100を貸倒引当金に繰り入れる。

5．（借）減価償却費　27,000　（貸）建物減価償却累計額　27,000

定額法による減価償却費は，次の計算式により求める。

$$\frac{取得原価－残存価額}{耐用年数}=\frac{¥750,000－¥75,000}{25年}=¥27,000$$

6．（借）未収収益　4,000　（貸）受取利息　4,000

貸付金は，○2年2月1日に貸し付けたものなので，決算（3月31日）にさいし，2か月分（2月と3月）の未収利息を計上する。

$$未収利息……¥600,000×4\%×\frac{2か月}{12か月}=¥4,000$$

7．（借）前払費用　18,400　（貸）保険料　18,400

保険料は毎年12月1日に12か月分を支払っているので，残高試算表の保険料残高は，以下の20か月分が計上されていることに注意する。

①　前期12月1日支払分のうち前年4月1日～11月30日の8か月分
②　当期12月1日支払分の前年12月1日～本年11月30日の12か月分
計20か月分

そのうち前払分は，4月1日～11月30日の8か月分である。

前払保険料……￥46,000× $\frac{8か月}{20か月}$ ＝￥18,400

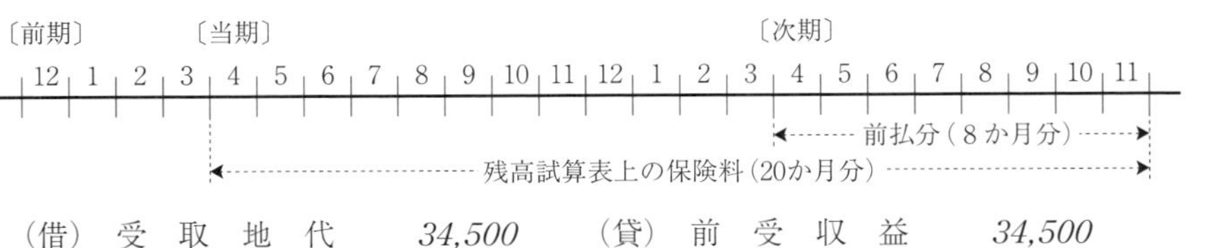

8．（借）受　取　地　代　　34,500　（貸）前　受　収　益　　34,500

〔Ⅱ〕貸借対照表の作成

1．現金・当座預金・貸付金・土地・支払手形・資本金の各勘定は，決算整理事項等とは関係ないので，残高試算表の金額をそのまま記入する。
2．貸倒引当金は，受取手形および売掛金から控除する形式で記入する。受取手形には￥130,000，売掛金には￥140,000の期末残高を記入し，それぞれの勘定の下の（　　）に「貸倒引当金」として3％（受取手形には￥3,900，売掛金には￥4,200）を記入し，控除した差額を右欄に記入する。（〔Ⅰ〕4.を参照）
3．商品には，期末商品棚卸高￥40,500を記入する。（〔Ⅰ〕3.を参照）
4．前払費用には，保険料の前払高￥18,400を記入する。（〔Ⅰ〕7.を参照）
5．未収収益には，貸付金に対する利息の未収高￥4,000を記入する。（〔Ⅰ〕6.を参照）
6．減価償却累計額は，建物から控除する形式で記入する。建物には￥750,000を記入し，その下の（　　）に「減価償却累計額」として￥108,000＋￥27,000＝￥135,000を記入し，控除した差額を右欄に記入する。（〔Ⅰ〕5.を参照）
7．買掛金には，商品の一部を返品した￥1,300を控除した残額￥102,700を記入する。（〔Ⅰ〕2.を参照）
8．前受収益には，地代の前受高￥34,500を記入する。（〔Ⅰ〕8.を参照）
9．繰越利益剰余金には，借方合計額から貸方の資本金までの合計額を差し引いて￥741,600を算出し，記入する。

〔Ⅲ〕損益計算書の作成

1．給料・旅費交通費・消耗品費・受取配当金の各勘定は，決算整理事項等とは関係ないので，残高試算表の金額をそのまま記入する。
2．売上原価には，まず当期商品純仕入高を￥4,572,500－￥1,300＝￥4,571,200と算出して，期首商品￥39,000＋純仕入高￥4,571,200－期末商品￥40,500＝￥4,569,700を記入する。（〔Ⅰ〕2.・3.を参照）
3．貸倒引当金繰入には〔Ⅰ〕4.で算出した￥7,100を，減価償却費には〔Ⅰ〕5.で算出した￥27,000を記入する。
4．保険料には，〔Ⅰ〕7.で算出した前払分￥18,400を控除した￥27,600を記入する。
5．受取地代には，〔Ⅰ〕8.により前受分￥34,500を控除した￥138,000を記入する。
6．貸付金に対する利息は受取利息だから，（　　）に「受取利息」として￥4,000を記入する。
7．当期純（　　）の（　　）に「利益」を記入し，貸方の合計額から借方の消耗品費までの合計額を差し引いて，￥566,600を算出して記入する。

第1問（45点）

取引	借方科目	金額	貸方科目	金額
1	カ(従業員立替金) ア(雑損)	3,400 1,600	イ(現金)	5,000
2	ア(仮受金)	300,000	ウ(売掛金) エ(前受金)	240,000 60,000
3	ア(現金) オ(売掛金) カ(発送費)	300,000 450,000 15,000	ウ(売上) エ(当座預金)	750,000 15,000
4	ア(社会保険料預り金) エ(法定福利費)	20,000 20,000	イ(現金)	40,000
5	イ(繰越利益剰余金)	275,000	ア(未払配当金) エ(利益準備金)	250,000 25,000
6	イ(普通預金)	1,003,000	エ(定期預金) ウ(受取利息)	1,000,000 3,000
7	ウ(旅費交通費)	1,300	ア(仮払金)	1,300
8	ウ(普通預金)	2,015,000	イ(貸付金) オ(受取利息)	2,000,000 15,000
9	イ(支払家賃) エ(差入保証金)	250,000 250,000	オ(普通預金)	500,000
10	ア(法人税,住民税及び事業税)	1,500,000	ウ(仮払法人税等) イ(未払法人税等)	700,000 800,000

取引	借方科目	金額	貸方科目	金額
11	ア(租税公課)	290,000	エ(普通預金)	290,000
12	イ(貸倒損失)	75,000	ウ(売掛金)	75,000
13	イ(現金)	1,200	ウ(雑益)	1,200
14	オ(仕入)	135,000	エ(買掛金)	135,000
15	イ(売掛金)	48,400	ア(売上) エ(仮受消費税)	44,000 4,400

仕訳1組につき3点。**合計45点。**

第1問

1．決算にあたり発見した現金不足の原因が一部判明したが，残額については不明である取引である。不足額の原因が判明した￥3,400は，従業員個人が負担すべき金額を店で立て替えて支払った取引が記入もれになっていたということなので，従業員立替金勘定（資産）の借方に￥3,400を記入する。残りの不足額￥1,600は原因が不明なので，雑損勘定の借方に記入する。一方，不足額￥5,000を現金勘定の貸方に記入する。

2．仮受金として処理しておいた内容不明の入金額が，売掛金の回収額と注文を受けた商品に対する内金であることが判明した取引である。仮受金として処理したときは，仮受金勘定（負債）の貸方に記入したので，その内容が判明したときは借方に記入して減少させる。注文を受けた商品に対する内金￥60,000は，前受金勘定（負債）の貸方に記入する。注文を受けた￥600,000については仕訳する必要はない。

売掛金

×××	（回収）240,000

前受金（負債）

	（内金）60,000

仮受金（負債）

300,000（内容が判明）	300,000（内容不明の入金）

3．商品を売り渡した取引である。売上額は￥750,000で，代金の内訳は次のとおりである。

売上高 → ①￥300,000は京都商店振出しの小切手を受取り
　　　 → ②残額￥450,000は月末に受取り

①京都商店振出しの小切手を受け取ったときは，現金勘定の借方に記入する。②「残額は月末に受け取ることにした」という表現から，未収入金勘定に記入する誤りが多いが，商品代金なので売掛金勘定の借方に記入する。また，当店負担の発送運賃を支払ったときは，発送費勘定の借方に記入し，小切手を振り出しているので，当座預金勘定の貸方に記入する。

4．健康保険料と厚生年金保険料の従業員負担額と会社負担額を現金で納付した取引である。従業員負担額は，給料から控除して預かったときに社会保険料預り金勘定（負債）の貸方に記入したので，納付したときはその借方に記入する。会社負担額は法定福利費勘定（費用）の借方に記入する。

5．株主総会において利益の処分が承認された取引である。決算において当期純利益は繰越利益剰余金勘定へ振り替えられるため，繰越利益剰余金勘定の残高は貸方となる。利益の処分が承認されたときは，減少させるため繰越利益剰余金勘定の借方に記入する。株主配当金￥250,000は未払配当金勘定の貸方に，利益準備金の積立て￥25,000は利益準備金勘定の貸方に記入し，繰越利益剰余金勘定の借方に￥275,000を記入する。なお，決算において当期純損失が計上されたときは繰越利益剰余金勘定の借方に記入されている。

6．・「定期預金が満期になった」

（貸）定期預金 1,000,000

・利息には受取利息と支払利息があるが，本問は定期預金をしたことで発生した利息であるから受取利息である。

（貸）受取利息 3,000

・「普通預金口座に預け入れた」

（借）普通預金 1,003,000

7．・「旅費交通費を……で支払った」

（借）旅費交通費 1,300

・「ICカードで支払った」

（貸）仮払金 1,300

※ICカードへ入金したとき，仮払金（資産）で処理しているので，ICカードで支払いをしたときは仮払金の減少となる。

8．・「貸付金が満期日になった」

（貸）貸付金 2,000,000

※貸付金に対する利息であるから受取利息である。

（貸）受取利息 15,000

受取利息￥2,000,000×0.015×6か月／12か月＝￥15,000

・「元利合計が普通預金口座に振り込まれた」

（借）普通預金 2,015,000

9．・「1か月分の家賃」は支払家賃（費用），敷金は差入保証金（資産）で処理する。

（借）支払家賃 250,000
（借）差入保証金 250,000

・「普通預金口座から振り込んだ」

（貸）普通預金 500,000

10．・「決算において法人税，住民税及び事業税が確定した」

（借）法人税,住民税及び事業税 1,500,000

・「中間納付額を差し引いた」より仮払法人税等（資産）を推定できる。それを差し引いたので

（貸）仮払法人税等 700,000

・「差し引いた金額を未払法人税等とした」

（貸）未払法人税等 800,000

※法人税，住民税及び事業税勘定は費用である。

11. ・「固定資産税を…納付した」
　（借）租税公課　*290,000*
　・「普通預金口座より納付した」
　　　　（貸）普通預金　*290,000*
　※未払金に計上する場合は次のようになる。
　　納税通知書を受け取った　（借）租税公課××　（貸）未払税金（または未払金）××
　　固定資産税の××期分を支払った　（借）未払税金××　（貸）現金預金××
12. ※当期に発生した売掛金が回収不能になったときは，貸倒引当金（売掛金の評価勘定）と相殺できないので，貸倒損失勘定（費用）で処理する。
　（借）貸倒損失　*75,000*　（貸）売掛金　*75,000*
13. ※決算日に現金過不足が判明し，その原因が不明のときの処理
　　現金過剰　…　（借）現金××　（貸）雑益××
　　現金不足　…　（借）雑損××　（貸）現金××
　・本問は現金過剰の場合である。
　（借）現金　*1,200*　（貸）雑益　*1,200*
14. ・取引を仕訳すると次のようになる。
　（借）仕入　*135,000*　（貸）現金　*35,000*
　　　　　　　　　　　　　　買掛金　*100,000*
　・出金伝票を仕訳になおすと次のようになる。
　（借）買掛金　*35,000*　（貸）現金　*35,000*
　・以上から，いったん全額を掛け取引として起票する方法であることがわかる。
　・振替伝票の記入
　（借）仕入　*135,000*　（貸）買掛金　*135,000*
15. ※納品書を発送したとき売上の仕訳を行う。.
　・売上の金額は￥*44,000*である。
　　　　（貸）売上　*44,000*
　・消費税の仕訳（売ったときは仮受消費税を立てる）
　　　　（貸）仮受消費税　*4,400*
　・「代金は掛けとした」
　（借）売掛金　*48,400*

第2問（20点）

問１

取引	仕		訳	
	借方科目	金額	貸方科目	金額
①	エ(売掛金) コ(発送費)	*312,500* *12,500*	カ(売上) ア(現金)	*312,500* *12,500*
②	ク(仕入)	*312,500*	オ(買掛金)	*312,500*
③	イ(普通預金)	*312,500*	エ(売掛金)	*312,500*
④	オ(買掛金) ケ(支払手数料)	*312,500* *300*	ウ(当座預金)	*312,800*

仕訳１組につき①と②は２点，③と④は３点。**合計10点**。

問２

①	②	③	④	⑤
キ(受取)	イ(次期繰越)	*240,000*	*1,320,000*	*704,000*

１つにつき２点。**合計10点**。

解　説

第2問

問１

証ひょうにもとづいて取引を推定し，仕訳を示す問題である。証ひょうは納品書兼請求書と当座勘定照合表であるため，これらの証ひょうは次のように考える。

（売り主）関東家具株式会社（取引銀行）北南銀行東京支店
←商品注文―
―商品発送(納品書兼請求書)→
←代金支払い―
（買い主）株式会社関西商事（取引銀行）東西銀行大阪支店

株式会社関西商事は，買掛金を支払うため東西銀行大阪支店から当座勘定照合表を受け取っている。

各取引の仕訳は次のとおりである。
① （借）売掛金　*312,500*　（貸）売上　*312,500*
　　　　発送費　*12,500*　　　　現金　*12,500*
② （借）仕入　*312,500*　（貸）買掛金　*312,500*
③ （借）普通預金　*312,500*　（貸）売掛金　*312,500*
④ （借）買掛金　*312,500*　（貸）当座預金　*312,800*
　　　　支払手数料　*300*

問 2

各取引より受取家賃勘定と前受家賃勘定の記入面を完成する問題である。

×3年 4月 1日（借） 前受家賃 240,000　（貸） 受取家賃 240,000

前期決算日において，物件Aに対する前受家賃が当期4月から6月までの3か月分であるので，再振替仕訳を行う。

×3年 7月 1日（借） 普通預金 480,000　（貸） 受取家賃 480,000
×3年 8月 1日（借） 普通預金 1,320,000　（貸） 受取家賃 1,320,000
×4年 1月 1日（借） 普通預金 528,000　（貸） 受取家賃 528,000
×4年 3月31日（借） 受取家賃 704,000　（貸） 前受家賃 704,000

物件Aに対する前受家賃を計上する。1月1日に向こう半年分￥528,000を受け取ったので，当期3月31日の決算時において前受分は次期4月から6月までの3か月分である。

$$￥528,000 \times \frac{3\text{か月}}{6\text{か月}} = ￥264,000$$

物件Bに対する前受家賃を計上する。8月1日に向こう1年分￥1,320,000を受け取ったので，当期3月31日の決算時において前受分は次期4月から7月までの4か月分である。

$$￥1,320,000 \times \frac{4\text{か月}}{12\text{か月}} = ￥440,000$$

￥264,000＋￥440,000＝￥704,000

×4年 3月31日（借） 受取家賃 1,864,000　（貸） 損益 1,864,000

受取家賃勘定の残高￥1,864,000を損益勘定に振り替える。

第3問（35点）

貸借対照表
20×9年3月31日　（単位：円）

借方			貸方	
現金		（528,000）	買掛金	（640,000）
普通預金		（1,282,000）	社会保険料預り金	（26,000）
売掛金	（800,000）		当座借越	（452,000）
（貸倒引当金）	（△ 16,000）	（784,000）	未払費用	（26,000）
商品		（218,000）	未払法人税等	（136,000）
前払費用		（24,000）	資本金	1,800,000
（未収）収益		（24,000）	繰越利益剰余金	（1,160,000）
建物	（1,800,000）			
減価償却累計額	（△ 420,000）	（1,380,000）		
		（4,240,000）		（4,240,000）

損益計算書
20×8年4月1日から20×9年3月31日まで　（単位：円）

借方		貸方	
売上原価	（3,864,000）	売上高	6,640,000
給料	960,000	受取手数料	（184,000）
広告宣伝費	584,000		
保険料	（12,000）		
水道光熱費	（188,000）		
法定福利費	（306,000）		
貸倒引当金繰入	（6,000）		
減価償却費	（60,000）		
雑（損）	（2,000）		
法人税等	228,000		
当期純（利益）	（614,000）		
	（6,824,000）		（6,824,000）

□ 1つにつき5点。[点線枠] 1つにつき3点。**合計35点。**

第3問

決算整理前残高試算表と決算整理事項等にもとづいて，貸借対照表と損益計算書を完成させる問題である。なお，決算日は20×9年3月31日で，会計期間は20×8年4月1日から20×9年3月31日までの1年間である。

【決算整理事項等の仕訳】

1．売掛金回収の未記帳の取引である。売掛金を回収したら売掛金勘定の貸方に記入する。普通預金口座に振り込まれていたので，普通預金勘定の借方に記入する。

(借) 普通預金 140,000　(貸) 売掛金 140,000

2．現金不足の原因が一部判明したが，残額は原因不明なので雑損として処理する取引である。現金の帳簿残高は￥550,000で，実際有高は￥528,000であるので，帳簿残高が実際有高より多いのだから，帳簿残高と実際有高の差額￥22,000（￥550,000－￥528,000）を現金勘定の貸方に記入する。このうち￥20,000は水道光熱費の記入もれと判明したので，水道光熱費勘定の借方に￥20,000を記入する。残額￥2,000（￥22,000－￥20,000）は原因不明なので，雑損勘定の借方に記入する。

(借) 水道光熱費 20,000　(貸) 現金 22,000
　　 雑損 2,000

3．当座預金勘定の貸方残高を当座借越勘定に振り替える取引である。決算において当座預金勘定が貸方残高であったら，当座借越額を適切な負債勘定に振り替える処理を行う。本問は「当座借越勘定に振り替える」と指示があるので当座借越勘定（負債）に振り替えるが，借入金勘定（負債）に振り替える場合もあるので，注意する。

(借) 当座預金 452,000　(貸) 当座借越 452,000

4．売掛金の期末残高に対して差額補充法により2％の貸倒れを見積もる。なお，上記1．で売掛金勘定の残高が減少していることに注意する。

売掛金勘定　￥940,000－￥140,000＝￥800,000
貸倒引当金勘定　￥10,000
貸倒引当金設定額　￥800,000×2％＝￥16,000
貸倒引当金繰入額　￥16,000－￥10,000＝￥6,000

貸倒引当金

借方	貸方
(設定額) ￥16,000	(期末残高) 10,000
	(繰入額) 6,000

貸倒引当金繰入

借方	貸方
(繰入額) 6,000	

(借) 貸倒引当金繰入 6,000　(貸) 貸倒引当金 6,000

5．期末商品棚卸高￥218,000が示してあるので，売上原価を算出する処理を行う。売上原価勘定は，次の計算式にもとづいて算出する。

期首商品棚卸高は決算整理前残高試算表の繰越商品の金額￥282,000である。
当期純仕入高は決算整理前残高試算表の仕入の金額￥3,800,000である。

期首商品棚卸高＋当期純仕入高－期末商品棚卸高＝売上原価
￥282,000 ＋ ￥3,800,000 － ￥218,000 ＝ ￥3,864,000

仕訳は次のとおりである。

① 期首商品棚卸高を繰越商品勘定から仕入勘定の借方に振り替える。

(借) 仕入 282,000　(貸) 繰越商品 282,000

② 期末商品棚卸高を仕入勘定から繰越商品勘定の借方に振り替える。

(借) 繰越商品 218,000　(貸) 仕入 218,000

繰越商品

借方	貸方
期首商品棚卸高 282,000	282,000 ①
期末商品棚卸高 218,000	

仕入

借方	貸方
期首商品棚卸高 282,000	売上原価 3,864,000
当期純仕入高 3,800,000	期末商品棚卸高 218,000 ②

6．定額法による減価償却費は次の計算式で求める。残存価額が0（ゼロ）であることに注意する。なお減価償却費は4月から2月までの11か月間に月割計上してきており，3月（決算月）も同様に月割計上する。

減価償却費　$\frac{\text{取得原価}-\text{残存価額}}{\text{耐用年数}}$

3月分の減価償却費　$\frac{￥1,800,000-￥0}{30\text{年}}\times\frac{1\text{か月}}{12\text{か月}}=￥5,000$

(借) 減価償却費 5,000　(貸) 建物減価償却累計額 5,000

7．保険料￥36,000は，12月1日に向こう1年分を支払ったものだから，3月31日の決算時において前払分は翌月4月分から11月分までの8か月分である。前払費用は次のように計算できる。

前払費用　$￥36,000\times\frac{8\text{か月}}{12\text{か月}}=￥24,000$

図に表すと以下のようになる。

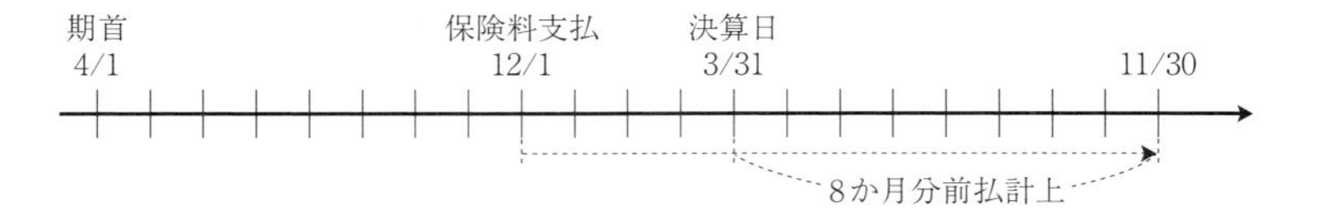

(借) 前払費用 24,000　(貸) 保険料 24,000

8．受取手数料の未収分を計上する。

(借) 未収収益 24,000　(貸) 受取手数料 24,000

9．法定福利費の未払分を計上する。

(借) 法定福利費 26,000　(貸) 未払費用 26,000

10．法人税，住民税及び事業税を計上する。法人税等は￥228,000と計算されたので，法人税等勘定の借方に記入する。中間申告分はすでに納付されており，下記のように仕訳が行われている（現金で納付したことにしている）。

(借) 仮払法人税等 92,000　(貸) 現金 92,000

決算において，仮払法人税等勘定を貸方に記入し，差額￥136,000（￥228,000－

￥92,000）を未払法人税等勘定の貸方に記入する。

（借）	法人税等	228,000	（貸）	仮払法人税等	92,000
				未払法人税等	136,000

【貸借対照表の作成】

① 現金には実際有高￥528,000を記入する。

② 普通預金には1.￥140,000を加算した残高￥1,142,000＋￥140,000＝￥1,282,000を記入する。

③ 売掛金には1.￥140,000を減算した残高￥940,000－￥140,000＝￥800,000を，その下の（　　）に貸倒引当金と￥800,000×２％＝￥16,000を記入し，￥800,000－￥16,000＝￥784,000を右欄に記入する。

④ 商品には期末商品棚卸高￥218,000を記入する。

⑤ 前払費用には7.で算出した￥24,000を記入する。

⑥ （　　）収益の（　　）に未収と記入し，8.￥24,000を記入する。

⑦ 建物には残高￥1,800,000を，その下の減価償却累計額には残高￥415,000に当期の建物減価償却累計額6.￥5,000を加算した￥415,000＋￥5,000＝￥420,000を記入し，￥1,800,000－￥420,000＝￥1,380,000を右欄に記入する。

⑧ 買掛金には残高￥640,000を記入する。

⑨ 社会保険料預り金には残高￥26,000を記入する。

⑩ 当座借越には3.￥452,000を記入する。

⑪ 未払費用には9.￥26,000を記入する。

⑫ 未払法人税等には10.￥136,000を記入する。

⑬ 繰越利益剰余金には，借方合計￥4,240,000から貸方の資本金までの合計額￥3,080,000を差し引き，繰越利益剰余金￥1,160,000を算出して記入する。

【損益計算書の作成】

① 受取手数料には未収分8.￥24,000を加算した残高￥160,000＋￥24,000＝￥184,000を記入する。

② 売上原価には5.で算出した￥3,864,000を記入する。

③ 保険料には前払分7.￥24,000を減算した残高￥36,000－￥24,000＝￥12,000を記入する。

④ 水道光熱費には2.￥20,000を加算した残高￥168,000＋￥20,000＝￥188,000を記入する。

⑤ 法定福利費には未払分9.￥26,000を加算した残高￥280,000＋￥26,000＝￥306,000を記入する。

⑥ 貸倒引当金繰入には4.で算出した￥6,000を記入する。

⑦ 減価償却費には6.￥5,000を加算した残高￥55,000＋￥5,000＝￥60,000を記入する。

⑧ 雑（　　）の（　　）に損を記入し，2.で算出した￥2,000を記入する。

⑨ 当期純（　　）の（　　）に利益を記入し，貸方合計￥6,824,000から借方の法人税等までの合計額￥6,210,000を差し引き，当期純利益￥614,000を算出して記入する。

第1問（45点）

取引	仕		訳	
	借方科目	金額	貸方科目	金額
1	イ(買掛金)	*30,000*	エ(前払金)	*30,000*
2	オ(受取商品券)	*30,000*	イ(売上) ア(現金)	*29,500* *500*
3	ウ(現金) オ(支払利息)	*990,000* *10,000*	イ(借入金)	*1,000,000*
4	カ(仕入)	*215,000*	イ(買掛金) エ(現金)	*200,000* *15,000*
5	ア(仕入)	*500,000*	エ(前払金) オ(当座預金)	*100,000* *400,000*
6	イ(現金)	*50,000*	エ(当座預金)	*50,000*
7	イ(当座借越)	*260,000*	ア(当座預金)	*260,000*
8	ウ(買掛金)	*880,000*	ア(普通預金)	*880,000*
9	ア(電子記録債務)	*200,000*	ウ(当座預金)	*200,000*
10	イ(貸倒引当金) オ(貸倒損失)	*120,000* *20,000*	カ(売掛金)	*140,000*
11	イ(現金)	*700,000*	エ(売上)	*700,000*
12	オ(仮受金)	*220,000*	ウ(売掛金)	*220,000*
13	ウ(雑損)	*2,800*	イ(現金過不足)	*2,800*
14	ウ(旅費交通費)	*3,600*	イ(普通預金)	*3,600*
15	ウ(備品) イ(仮払消費税)	*160,000* *16,000*	ア(仮払金)	*176,000*

仕訳１組につき３点。**合計45点。**

第1問

1．商品を仕入れ買掛金として処理していた金額のうち一部を注文時に内金として支払っていたことが判明したので，訂正する取引である。かねて山口商店から商品￥300,000を仕入れたときに行った仕訳は次のとおりである。

（借）仕　　入　300,000　（貸）当 座 預 金　200,000
　　　　　　　　　　　　　　　買　掛　金　100,000

残額￥100,000を全額掛けとして処理したので，買掛金勘定の貸方に￥100,000を記入したが，注文時に￥30,000を内金として支払っていたことが判明したことから，買掛金を￥30,000減少させるとともに，前払金勘定（資産）の貸方に￥30,000を記入して，前払金を減少させる。

2．商品を売り上げ，商品券を受け取った取引である。他店発行の商品券を受け取ったときは，代金を受け取る権利が発生するから，受取商品券勘定（資産）の借方に記入する。

売　上

	29,500

受取商品券（資産）

30,000（受け入れ）	

現　金

×××	500（つり銭）

3．借入れを行ったときは，借入金勘定（負債）の貸方に記入する。

支払利息の金額　$￥1,000,000 \times 0.04 \times \frac{3か月}{12か月} = ￥10,000$

したがって，現金勘定に記入する金額は￥1,000,000－￥10,000＝￥990,000となる。

借入金（負債）

	1,000,000

現　金

990,000	

支払利息

10,000	

4．家具店が販売用の机を仕入れた取引である。大阪家具店が販売用の机を購入したということは，商品を仕入れたことになるので注意する。商品を仕入れたのであるから，翌月払いの代金は買掛金勘定の貸方に記入する。未払金勘定に記入する誤りが多い。引取運賃は商品の金額に含めるから，仕入勘定に加える。

仕入勘定の借方に記入する金額　￥20,000×10(台)＋￥15,000＝￥215,000

5．商品を仕入れ，手付金を差し引いた残額を小切手を振り出して支払った取引である。「注文しておいた商品￥500,000を受け取った」とは，商品を仕入れたことである。「代金のうち2割に相当する額は内金」とは，￥500,000に対する20%分が手付金ということであり，支払ったときに前払金勘定の借方に記入したので，これを代金の一部と相殺するため，その貸方に記入する。残額は，小切手を振り出して支払ったので，当座預金勘定の貸方に記入する。

前払金　￥500,000×20%＝￥100,000

前　払　金

100,000（注文時支払い）	100,000（仕入代金と相殺）

仕　入

500,000	

当座預金（資産）

×××	400,000（小切手支払い）

6．・「小切手を振り出して」

（貸）当 座 預 金　50,000

・「現金を引き出した」

（借）現　　金　50,000

7．※決算時に当座預金の残高が貸方（当座借越の状態）に生じている場合，次の決算整理仕訳が行われる。

（借）当座預金××（貸）当座借越××

※本問は上記仕訳の「振り戻し」（再振替仕訳）を問う問題である。

（借）当 座 借 越　260,000　（貸）当 座 預 金　260,000

8．・「仕入先に対する掛け代金」とは買掛金（負債）のことである。それが決済されたので

（借）買　掛　金　880,000

・「普通預金口座から決済された」

（貸）普 通 預 金　880,000

9．・「電子記録債務が決済され」

（借）電子記録債務　200,000

・「当座預金口座より引き落とされた」

（貸）当 座 預 金　200,000

10．・「売掛金が貸倒れとなった」

（貸）売　掛　金　140,000

※前期に発生した売掛金に対しては，前期末決算で貸倒引当金が設定してあるので，貸倒れになったときは貸倒引当金（売掛金の評価勘定）と相殺する。

（借）貸倒引当金　120,000

・不足額￥20,000（￥140,000－￥120,000）は貸倒損失（費用）で処理する。

（借）貸 倒 損 失　20,000

11．「小切手で受け取った」

（借）現　　金　700,000

（貸）売　　上　700,000

12．・「普通預金口座への内容不明の振込額」から仮受金（負債）が推定できる。その振込額の内容が判明したので

（借）仮　受　金　220,000

・「売掛金の回収である」

（貸）売　掛　金　220,000

13. ・「実際有高が￥2,800不足していたので，現金過不足勘定で処理しておいた」より，現金過不足勘定の借方に￥2,800が記入されていることが推定できる。
・決算になっても原因が不明のときは雑損勘定へ振り替える。

現金過不足			雑　損	
2,800	2,800	振替→	2,800	

14. ・領収書から，出張に要した従業員の交通費は￥3,600である。
（借）旅費交通費　3,600
・￥3,600は従業員が立て替えているので，「普通預金口座から従業員の普通預金口座へ振り込んだ」
（貸）普通預金　3,600

15. ・「品物…受け取った」
（借）備　品　160,000
・消費税の仕訳（買ったときは仮払消費税を立てる）
（借）仮払消費税　16,000
※領収書とは，商品代金を受け取ったことを知らせる証ひょうである。
・領収書を受け取ったということは，代金の支払いが済んでいることを意味する。
・本問では，代金を支払ったときに（借）仮払金××と処理しているので，品物を受け取ったとき仮払金を取り崩す。
（貸）仮払金　176,000

第2問（20点）

問 1

備　品

○3/4/1	前期繰越	(220,000)	○4/3/31	次期繰越	(400,000)
7/1	当座預金	(180,000)			
		(400,000)			(400,000)

備品減価償却累計額

○4/3/31	次期繰越	(76,250)	○3/4/1	前期繰越	(28,750)
			○4/3/31	減価償却費	(47,500)
		(76,250)			(76,250)

□ 1つにつき2点。**合計10点。**

問 2

①	②	③	④	⑤
ソ（償却債権取立益）	テ（繰越利益剰余金）	サ（利益準備金）	イ（総勘定元帳）	ス（固定資産）
⑥	⑦	⑧	⑨	⑩
コ（資本的支出）	ウ（収益）	タ（費用）	キ（損益法）	エ（転記）

1つにつき1点。**合計10点。**

解　説

第2問

問 1

固定資産台帳より，備品勘定と備品減価償却累計額勘定の記入面を完成する問題である。なお，決算日は3月31日で，固定資産台帳は○4年3月31日現在であるため，当期の会計期間は○3年4月1日から○4年3月31日である。各取引を仕訳すると次のとおりである。

備品X

前期までの取引（備品の支払いは当座預金としている）

○1/ 4/ 1（借）備　品 100,000　（貸）当座預金 100,000

○2/ 3/31（借）減価償却費 10,000　（貸）備品減価償却累計額 10,000

定額法による減価償却費は次の計算式で求める。

$$減価償却費 \rightarrow \frac{取得原価-残存価額}{耐用年数}$$

$$備品Xの減価償却費 \rightarrow \frac{¥100,000-¥0}{10年} = ¥10,000$$

○3/ 3/31（借）減価償却費 10,000　（貸）備品減価償却累計額 10,000

当期の取引

○4/ 3/31（借）減価償却費 10,000　（貸）備品減価償却累計額 10,000

備品Y

前期までの取引（備品の支払いは当座預金としている）

○2/ 9/ 1（借）備　品 120,000　（貸）当座預金 120,000

○3/ 3/31（借）減価償却費 8,750　（貸）備品減価償却累計額 8,750

9月1日に取得した備品¥120,000は月割計算で減価償却する。

決算日までの経過月数は7か月である。

$$備品Yの減価償却費 \rightarrow \frac{¥120,000-¥0}{8年} \times \frac{7か月}{12か月} = ¥8,750$$

当期の取引

○4/ 3/31（借）減価償却費 15,000　（貸）備品減価償却累計額 15,000

備品Z

当期の取引

○3/ 7/ 1（借）備　品 180,000　（貸）当座預金 180,000

○4/ 3/31（借）減価償却費 22,500　（貸）備品減価償却累計額 22,500

7月1日に取得した備品¥180,000は月割計算で減価償却する。

決算日までの経過月数は9か月である。

$$備品Zの減価償却費 \rightarrow \frac{¥180,000-¥0}{6年} \times \frac{9か月}{12か月} = ¥22,500$$

問 2

会計処理に関する文章の空欄に語句を記入する問題である。

1．前期以前に貸倒れとして処理した売掛金について，当期にその一部を回収したときは，その回収金額を収益勘定である（　償却債権取立益　）勘定で処理する。

2．株式会社が（　繰越利益剰余金　）を財源として配当を行ったときは，会社法で定められた上限額に達するまでは一定額を（　利益準備金　）として積み立てなければならない。

3．主要簿は，仕訳帳と（　総勘定元帳　）である。

4．すでに取得済みの有形（　固定資産　）の修理，改良などのために支出した金額のうち，その有形（　固定資産　）の使用可能期間を延長または価値を増加させる部分を（　資本的支出　）という。

5．当期中に生じた（　収益　）合計から（　費用　）合計を差し引いて当期純利益（または当期純損失）を求める計算方法を（　損益法　）という。

6．仕訳の内容を勘定口座に記入する手続きを（　転記　）という。

第3問（35点）

精　算　表

勘定科目	試算表 借方	試算表 貸方	修正記入 借方	修正記入 貸方	損益計算書 借方	損益計算書 貸方	貸借対照表 借方	貸借対照表 貸方
現金	220,500						220,500	
当座預金	257,500						257,500	
受取手形	176,000						176,000	
売掛金	201,500			27,500			174,000	
仮払金	50,000			50,000				
繰越商品	165,000		180,000	165,000			180,000	
建物	1,500,000						1,500,000	
備品	200,000		100,000				300,000	
貸付金	250,000						250,000	
支払手形		188,500						188,500
買掛金		194,500						194,500
借入金		100,000						100,000
前受金		27,500	27,500					
未払金		5,000		50,000				55,000
貸倒引当金		7,000		3,500				10,500
建物減価償却累計額		135,000		45,000				180,000
備品減価償却累計額		72,000		38,500				110,500
資本金		1,500,000						1,500,000
繰越利益剰余金		140,000						140,000
売上		4,597,500				4,597,500		
受取家賃		210,000	90,000			120,000		
受取利息		5,500		7,500		13,000		
仕入	3,738,000		165,000	180,000	3,723,000			
給料	310,000				310,000			
水道光熱費	62,500				62,500			
通信費	18,500				18,500			
消耗品費	30,000				30,000			
支払利息	3,000			1,500	1,500			
	7,182,500	7,182,500						
貸倒引当金繰入			3,500		3,500			
減価償却費			83,500		83,500			
前払（利息）			1,500				1,500	
（未収）利息			7,500				7,500	
（前受）家賃				90,000				90,000
当期純（利益）					498,000			498,000
			658,500	658,500	4,730,500	4,730,500	3,067,000	3,067,000

□ 1つにつき4点。［点線］1つにつき3点。**合計35点。**

第3問

期末整理事項等によって精算表を完成する問題である。

〔Ⅰ〕 修正記入欄の記入

次の各仕訳のとおり，修正記入欄に記入する。

1．仮払金￥50,000は備品￥100,000を注文したさいに頭金として支払ったものであるから，備品の引渡しを受け，その記帳をしたときは仮払金勘定の貸方に記入して消去する。来月末に支払う約束の金額は未払金勘定の貸方に記入する。

（借）備　品　100,000　（貸）仮払金　50,000
　　　　　　　　　　　　　　　未払金　50,000

2．前受金￥27,500を売上代金と相殺しないで，誤って全額を掛けとして処理したというのだから，売掛金と相殺すればよいことになる。

（借）前受金　27,500　（貸）売掛金　27,500

3．受取手形と売掛金の期末残高に対して，3％の貸倒引当金を設定するのであるが，売掛金は上記2.で￥27,500減少していることに注意する。

貸倒引当金設定額　{￥176,000＋(￥201,500－￥27,500)}×0.03＝￥10,500

差額を補充する方法とは，貸倒引当金の設定額￥10,500から貸倒引当金残高￥7,000を差し引いた差額を補充して繰り入れる方法のことである。差額は次のように求める。

補充する差額　￥10,500－￥7,000＝￥3,500

（借）貸倒引当金繰入　3,500　（貸）貸倒引当金　3,500

貸倒引当金：期末残高 7,000／繰入額 3,500　設定額 10,500（受取手形・売掛金の期末残高の3％）

貸倒引当金繰入：繰入額 3,500

4．期末商品棚卸高が示してあるので，売上原価を算出する処理を行う。売上原価は次の計算式にもとづいて算出する。期首商品棚卸高は試算表欄の繰越商品の金額である。

期首商品棚卸高 ＋ 仕入高 － 期末商品棚卸高 ＝ 売上原価
￥165,000 ＋ ￥3,738,000 － ￥180,000 ＝ ￥3,723,000

上記の計算式にもとづいて勘定記入を行えば，次のとおりである。

① 期首商品棚卸高を繰越商品勘定から仕入勘定に振り替える。

（借）仕　入　165,000　（貸）繰越商品　165,000

② 期末商品棚卸高を仕入勘定から繰越商品勘定に振り替える。

（借）繰越商品　180,000　（貸）仕　入　180,000

繰越商品	
期首商品棚卸高 165,000	165,000
期末商品棚卸高 180,000	

仕入	
仕入高 3,738,000	期末商品棚卸高 180,000
期首商品棚卸高 165,000	売上原価 3,723,000

上記の仕訳のとおり修正記入欄に記入する。仕入勘定の残高￥3,723,000が売上原価となる。精算表では，この金額を損益計算書欄の借方に記入する。

勘定科目	試算表		修正記入		損益計算書	
	借方	貸方	借方	貸方	借方	貸方
繰越商品	165,000		②180,000	①165,000		
仕入	3,738,000		①165,000 (+)	②180,000 (−)	3,723,000	

5．定額法による減価償却費は，次の計算式により求める。

減価償却費……$\dfrac{取得原価-残存価額}{耐用年数}$

建物（￥1,500,000）の減価償却費……$\dfrac{￥1,500,000-￥150,000}{30年}=￥45,000$

備品（￥200,000）の減価償却費……$\dfrac{￥200,000-￥20,000}{5年}=￥36,000$

なお，○2年1月1日に引渡しを受けた備品￥100,000については，耐用年数10年として月割計算で減価償却をする。決算までの経過月数は3か月である。

備品（￥100,000）の減価償却費……$\dfrac{￥100,000-￥0}{10年}\times\dfrac{3か月}{12か月}=￥2,500$

したがって，減価償却費は￥45,000＋￥36,000＋￥2,500＝￥83,500となる。

（借）減価償却費　83,500　（貸）建物減価償却累計額　45,000
　　　　　　　　　　　　　　　　備品減価償却累計額　38,500

6．貸付金￥250,000は7月1日に貸し付けたもので，決算（3月31日）にさいして，9か月分（4月分～12月分）の未収利息を計上する。

未収利息……$￥250,000\times0.04\times\dfrac{9か月}{12か月}=￥7,500$

（借）未収利息　7,500　（貸）受取利息　7,500

勘定科目欄の（　）利息の（　）に「未収」と記入する。なお，未収利息勘定は資産である。

7．借入金の利息は借り入れたとき（10月1日）に1年分￥3,000を支払っているので，決算（3月31日）にさいして，6か月分（4月分～9月分）の前払利息を計上する。

前払利息……$￥100,000\times0.03\times\dfrac{6か月}{12か月}=￥1,500$

（借）前払利息　1,500　（貸）支払利息　1,500

勘定科目欄の前払（　）の（　）に「利息」と記入する。なお，前払利息勘定は資産である。

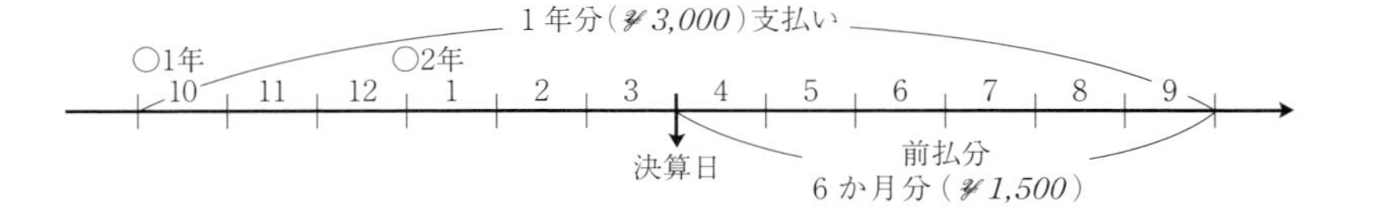

勘定科目	試算表		修正記入		損益計算書		貸借対照表	
	借方	貸方	借方	貸方	借方	貸方	借方	貸方
支払利息	3,000			1,500 (−)	1,500			
前払（利息）			1,500				1,500	

（資産だから貸借対照表欄の借方へ）

8．受取家賃は毎年1月1日に12か月分（12月分まで）を受け取っているので，試算表欄の￥210,000は前年に受け取った前年4月分から12月分までと，本年1月に受け取った12月分までの合計21か月分の金額である。したがって，1か月分の受取家賃は￥210,000÷21か月＝￥10,000となる。前受家賃は4月分から12月分までの9か月分であるから，￥10,000×9か月＝￥90,000となる。

（借）受取家賃　90,000　（貸）前受家賃　90,000

勘定科目欄の（　）家賃の（　）に「前受」と記入する。前受家賃勘定は負債である。

〔Ⅱ〕損益計算書欄・貸借対照表欄の記入

試算表欄・修正記入欄の金額を損益計算書欄と貸借対照表欄に移す。なお，資産・負債・純資産に属する勘定は貸借対照表欄に，費用・収益に属する勘定は損益計算書欄に移す。修正記入欄に記入がある場合は，上記に一部示したように，試算表欄の金額と同じ側にあるときは加算し，反対側にあるときは減算する。また，修正記入により新たに記入された科目の金額は，費用・収益に属するものは損益計算書欄に，資産・負債・純資産に属するものは貸借対照表欄に移す。すでに指摘したように前払利息勘定・未収利息勘定は資産であるから貸借対照表欄の借方に，前受家賃勘定は負債であるから貸方に移す。

次に，損益計算書欄の貸方合計額から借方合計額を差し引いて当期純利益を算出し，借方に記入する。勘定科目欄の当期純（　）の（　）に「利益」と記入する。また，貸借対照表欄の借方合計額から貸方合計額を差し引いて当期純利益を算出し，貸方に記入する。両者の当期純利益の金額が一致することを確かめる。一致しなかった場合は誤りがあることになるので注意する。

解答

第1問（45点）

取引	仕訳		訳	
	借方科目	金額	貸方科目	金額
1	オ(当座預金) イ(現金)	*50,000* *150,000*	エ(売掛金)	*200,000*
2	ア(損益)	*40,000*	ウ(繰越利益剰余金)	*40,000*
3	ア(前受金) エ(売掛金) オ(発送費)	*60,000* *240,000* *10,000*	カ(売上) ウ(現金)	*300,000* *10,000*
4	ア(給料)	*360,000*	カ(従業員立替金) ウ(所得税預り金) イ(当座預金)	*14,000* *16,500* *329,500*
5	カ(受取商品券) ウ(現金) オ(売掛金)	*60,000* *200,000* *100,000*	エ(売上)	*360,000*
6	ウ(通信費) エ(消耗品費) オ(雑費)	*5,800* *2,700* *1,100*	イ(当座預金)	*9,600*
7	ア(仕入)	*250,000*	ウ(前払金) エ(買掛金)	*50,000* *200,000*
8	イ(前受金) ウ(売掛金) カ(発送費)	*50,000* *300,000* *15,000*	オ(売上) エ(現金)	*350,000* *15,000*
9	カ(貸付金)	*3,650,000*	ウ(普通預金) エ(受取利息)	*3,637,400* *12,600*
10	ア(土地)	*210,000*	エ(普通預金)	*210,000*
11	ア(租税公課) ウ(通信費)	*4,000* *4,200*	エ(現金)	*8,200*
12	エ(売掛金)	*48,000*	ア(売上)	*48,000*
13	ウ(現金)	*880,000*	カ(売上) エ(仮受消費税)	*800,000* *80,000*
14	イ(旅費交通費) オ(現金)	*39,700* *300*	エ(仮払金)	*40,000*
15	ウ(仮払法人税等)	*430,000*	エ(普通預金)	*430,000*

仕訳1組につき3点。**合計45点。**

解説

第1問

1．売掛金を回収した取引である。「以前当店が振り出していた小切手」ということは，当店が小切手を振り出したとき，当座預金勘定の貸方に記入したが，その小切手が戻ってきたことになるので，当座預金勘定の借方に記入する。

売　掛　金

200,000	200,000（回収）

当　座　預　金

50,000（当店振出し小切手受取り）	50,000（小切手振出し）

現　　金

150,000（宮城商店振出し小切手受取り）	

2．当期純利益を繰越利益剰余金勘定に振り替える取引である。決算にさいして，収益の諸勘定残高を損益勘定の貸方に振り替え，費用の諸勘定残高をその借方に振り替え，損益勘定で収益総額から費用総額を差し引いて，当期純利益（マイナスは当期純損失）を算出し，これを繰越利益剰余金勘定に振り替える。

収益総額－費用総額＝当期純利益

¥300,000－¥260,000＝¥40,000

本問では，上の計算のとおり当期純利益¥40,000が算出されるので，これを損益勘定から繰越利益剰余金勘定の貸方に振り替える。

繰越利益剰余金

	×××
	損　益 40,000（純利益）

損　　益

（費用総額）260,000	（収益総額）300,000
繰越利益剰余金 40,000（純利益）	

3．商品を売り上げた取引である。注文時に受け取った手付金は前受金勘定の貸方に記入してあるので，相殺するためにその借方に記入する。「月末に受け取ることにした」とは商品代金であるから掛けとしたという意味である。したがって，売掛金勘定の借方に記入する。未収入金勘定で処理する誤りが多いので注意する。「当店負担」の発送運賃を支払ったということは当店の費用として計上するという意味であるから，発送費勘定（費用）の借方に記入する。

4．従業員に給料を支払った取引である。さきに生命保険料を立替払いしたとき，従業員立替金勘定（資産）の借方に記入したものを，給料から差し引く形で返済を受けるのだから，従業員立替金という資産が減少することになり，従業員立替金勘定の貸方に¥14,000を記入する。また，所得税の源泉徴収分は，給料から差し引いて一時的に預かり，後日，税務署に一括して納付することになるので，所得税預り金勘定（負債）の貸方に記入する。給料総額¥360,000から従業員立替金¥14,000と所得税預り金¥16,500を差し引いた差額が従業員の手取額¥329,500となり，当座預金口座から支払ったことになるから，当座預金勘定の貸方に記入する。

従業員立替金　（資産）

（立て替えたとき）14,000	（給料から差引き）14,000（資産の減少）

所得税預り金　（負債）

	（給料から差引き）16,500（負債の増加）

当　座　預　金

×××	329,500（従業員の手取額）

給　　料

360,000（給料総額）	

（注）給料勘定には給料総額を記入する。従業員の手取額を記入する誤りが多い。

5．商品を売り上げ，代金のうち一部を共通商品券と小切手で受け取り，残額を掛けとした取引である。商品を売り上げたので，売上勘定の貸方に¥360,000を記入する。代金のうち¥60,000は共通商品券で受け取ったので，受取商品券勘定（資産）の借方に記入し，¥200,000は小切手で受け取ったので，現金勘定の借方に記入する。残額¥100,000は掛けとしたので，売掛金勘定の借方に記入する。

6．・「小切手を振り出して…」

（貸）当座預金　9,600

・通信費，消耗品費，雑費（いずれも費用）の仕訳を行う。

（借）通信費　5,800
　　　消耗品費　2,700
　　　雑費　1,100

※小口現金勘定を用いる場合は次の仕訳になる。

（借）	通信費	5,800	（貸）小口現金	9,600
	消耗品費	2,700		
	雑費	1,100		
（借）	小口現金	9,600	（貸）当座預金	9,600

7．・「商品を仕入れ」

（借）仕入　250,000

・「注文時に支払った手付金」から前払金（資産）が推定できる。それと「相殺し」とあるので

（貸）前払金　50,000

・「残額は月末に支払う」

（貸）買掛金　200,000

8．・「商品を引き渡し」

（貸）売上　350,000

・「さきに受け取っていた手付金」から前受金（負債）が推定できる。それを「差し引き」とあるので

（借）前受金　50,000

・「残額は月末に受け取る」

（借）売　掛　金　*300,000*

・「発送運賃を現金で支払い」

（貸）現　　金　*15,000*

9．・「*¥3,650,000*を貸付け」

（借）貸　付　金　*3,650,000*

・「利息を差し引いた」

（貸）受 取 利 息　*12,600*

※貸付金に対する利息であるから受取利息である。

受取利息*¥3,650,000*×0.014×90日／365日＝*¥12,600*

・「残額を，普通預金口座から…振り込んだ」

（貸）普 通 預 金　*3,637,400*

※振込先の口座である当座預金としないように注意する。

10．・「土地について，…*¥210,000*を…支払った」

（借）土　　地　*210,000*

※整地費用など，土地が利用できるまでに支払った諸費用はすべて土地の取得原価に含める。

・「普通預金口座より支払った」

（貸）普 通 預 金　*210,000*

11．・収入印紙は租税公課勘定（費用），郵便切手は通信費勘定（費用）で処理する。

12．※請求書とは，商品代金を請求するための証ひょうである。

・「売上は…1か月分をまとめて計上する」

（貸）売　　上　*48,000*

・代金は「翌月20日払い」（掛け）である

（借）売　掛　金　*48,000*

13．・「商品を売り渡し」

（貸）売　　上　*800,000*

・「小切手を受け取った」

（借）現　　金　*880,000*

・消費税の仕訳（売ったときは仮受消費税を立てる）

（貸）仮受消費税　*80,000*

14．・「下記の領収書等を受け取った」

（借）旅費交通費　*39,700*

・「残額を現金で受け取った」

（借）現　　金　*300*

※出張にあたり現金*¥40,000*を渡しているので，*¥300*（*¥40,000*－*¥39,700*）が残額である。

・「出張にあたり概算額として…*¥40,000*を支払っていた」とき，仮払金（資産）の借方に*¥40,000*記帳しているので，これを精算する。

（貸）仮　払　金　*40,000*

15．※領収証書の科目が法人税，中間申告に○印があることから，×20年11月20日に法人税の中間申告をしたことがわかる。

（借）仮払法人税等　*430,000*

・「普通預金口座から…納付し」

（貸）普 通 預 金　*430,000*

第2問（20点）

問1

(1)

当座預金出納帳

○年		摘要	預入	引出	借または貸	残高
11	1	前月繰越	400,000		借	400,000
	4	省略		225,000	〃	175,000
	11			350,000	貸	175,000
	16		250,000		借	75,000
	21		487,500		〃	562,500
	30	次月繰越		562,500		
			1,137,500	1,137,500		

(2)

買掛金明細表

	11月1日	11月30日
大垣商店	¥ 180,000	¥ 255,000
知立商店	220,000	450,000
	¥ 400,000	¥ 705,000

(3) 売掛金勘定月末残高　¥ 285,000

□ 1つにつき2点。**合計10点。**

問2

支払手数料

7/11	イ(普通預金)	600	3/31	エ(前払手数料)	100,000
3/1	ア(現金)	120,000	〃	コ(損益)	20,600
		120,600			120,600

前払手数料

3/31	キ(支払手数料)	100,000	3/31	ケ(次期繰越)	100,000

□ 1つにつき2点。**合計10点。**

第2問

問1

11月中の商品売買および代金決済に関する取引から，(1)当座預金出納帳に必要な記入を行い，(2)買掛金明細表を完成し，(3)売掛金勘定月末残高を求める問題である。

まず，日付順に仕訳を行い，当座預金の増減に関する記入を当座預金出納帳に記入していく。次に，買掛金元帳（大垣商店勘定・知立商店勘定）を作成し，11月1日現在の残高および月中の増減を記録し，11月30日現在の商店ごとの残高を求める。また，売掛金勘定を作成し，11月1日現在の残高および月中の増減を記録し，11月30日現在の残高を求める。

以上の処理を順次行うことにより，解答を完成していく。

日付					
11/4	(借) 仕入	450,000	(貸) 当座預金	225,000
			大垣商店	225,000

※当座預金出納帳の引出欄に¥225,000を記入する。残高は(借)¥175,000。

日付				
8	(借) 仕入	430,000	(貸) 知立商店	430,000
11	(借) 大垣商店	150,000	(貸) 当座預金	350,000
	知立商店	200,000		

※当座預金出納帳の引出欄に¥350,000を記入する。残高は(貸)¥175,000。

日付				
16	(借) 当座預金	250,000	(貸) 売掛金	250,000

※当座預金出納帳の預入欄に¥250,000を記入する。残高は(借)¥75,000。

日付				
18	(借) 現金	487,500	(貸) 売上	487,500
21	(借) 当座預金	487,500	(貸) 現金	487,500

※当座預金出納帳の預入欄に¥487,500を記入する。残高は(借)¥562,500。

日付				
27	(借) 現金	235,000	(貸) 売上	470,000
	売掛金	235,000		

買掛金元帳

大垣商店

11/11	支払	150,000	11/1	前月繰越	180,000
30	(残高)	255,000	4	仕入	225,000

知立商店

11/11	支払	200,000	11/1	前月繰越	220,000
30	(残高)	450,000	8	仕入	430,000

総勘定元帳

売掛金

11/1	前月繰越	300,000	11/16	当座預金	250,000
27	売上	235,000	30	(残高)	285,000

問 2

各取引より支払手数料勘定と前払手数料勘定の記入面を完成する問題である。

7/11	(借) 未　払　金	140,000	(貸) 普 通 預 金	140,600
	支払手数料	600		
10/26	(借) 土　　地	2,430,000	(貸) 当 座 預 金	2,400,000
			現　　金	30,000

土地を購入したときの仲介手数料は土地勘定に含める。

3/1	(借) 支払手数料	120,000	(貸) 現　　金	120,000
3/31	(借) 前払手数料	100,000	(貸) 支払手数料	100,000

3月1日に支払った支払手数料¥120,000は，3月1日から向こう6か月分を支払ったものだから，当期3月31日の決算時において前払分は次期4月分から8月分までの5か月分である。

$$¥120{,}000 \times \frac{5か月}{6か月} = ¥100{,}000$$

3/31	(借) 損　　益	20,600	(貸) 支払手数料	20,600

支払手数料勘定の残高¥20,600を損益勘定に振り替える。

第3問（35点）

精　算　表

勘定科目	残高試算表		修正記入		損益計算書		貸借対照表	
	借方	貸方	借方	貸方	借方	貸方	借方	貸方
現金	258,000		12,000				270,000	
現金過不足		6,000	6,000					
当座預金	492,000						492,000	
受取手形	566,000			150,000			416,000	
売掛金	354,000		150,000	120,000			384,000	
貸付金	100,000						100,000	
仮払金	80,000			80,000				
繰越商品	326,000		224,000	326,000			224,000	
建物	2,000,000						2,000,000	
備品	400,000						400,000	
支払手形		236,000						236,000
買掛金		392,000						392,000
借入金		1,000,000						1,000,000
前受金		50,000	50,000					
仮受金		120,000	120,000					
貸倒引当金		36,000		4,000				40,000
建物減価償却累計額		432,000		72,000				504,000
備品減価償却累計額		120,000		60,000				180,000
資本金		1,500,000						1,500,000
繰越利益剰余金		170,000						170,000
売上		4,372,000		50,000		4,422,000		
受取手数料		234,000	6,000	4,000		232,000		
受取利息		2,000				2,000		
仕入	2,700,000		326,000	224,000	2,802,000			
給料	704,000		50,000		754,000			
広告宣伝費	84,000				84,000			
支払地代	434,000				434,000			
通信費	106,000				106,000			
保険料	56,000			8,000	48,000			
支払利息	10,000		4,000		14,000			
	8,670,000	8,670,000						
雑益				2,000		2,000		
(修繕費)			68,000		68,000			
貸倒引当金繰入			4,000		4,000			
減価償却費			132,000		132,000			
(前受)手数料				6,000				6,000
未払給料				50,000				50,000
(前払)保険料			8,000				8,000	
未払利息				4,000				4,000
当期純(利益)					212,000			212,000
			1,160,000	1,160,000	4,658,000	4,658,000	4,294,000	4,294,000

□ 1つにつき5点。[‐‐‐] 1つにつき3点。**合計35点。**

第3問

未処理事項と決算整理事項にもとづいて，精算表を作成する問題である。

〔Ⅰ〕 修正記入欄の記入

次の各仕訳のとおり修正記入欄に記入する。

1．未処理事項

(1) 売掛金の入金とした処理が誤りだったので，売掛金勘定の借方に記入するとともに，受取手形の回収とするため受取手形勘定の貸方に記入する。

(借) 売　掛　金　150,000　(貸) 受 取 手 形　150,000

(2) 修繕費の概算払いをしたときは，仮払金勘定の借方に¥80,000と記入した。残金¥12,000が返金されたということは，修繕費として¥68,000かかったことになる。

(借) 現　　金　12,000　(貸) 仮 払 金　80,000
　　 修 繕 費　68,000

修繕費勘定が設けられていないので，勘定科目欄の（　　）に「修繕費」と記入する。

(3) 前受金¥50,000は商品の注文を受けて受け取ったものである。この分の商品はすでに売り上げていたことがわかったので，売上と相殺の仕訳をすればよい。

(借) 前 受 金　50,000　(貸) 売　　上　50,000

(4) 仮受金の内容が売掛金の回収と判明したので，仮受金勘定と売掛金勘定を減少させる。

(借) 仮 受 金　120,000　(貸) 売 掛 金　120,000

2．決算整理事項

(1) 現金過不足¥6,000のうち，¥4,000は受取手数料の記入もれとわかったが，残額は原因不明なので雑益としたという仕訳をする。

(借) 現金過不足　6,000　(貸) 受取手数料　4,000
　　　　　　　　　　　　　　 雑　　益　2,000

(2) 期末商品棚卸高が示してあるので，売上原価を算出する処理を行う。売上原価は次の計算式にもとづいて算出する。期首商品棚卸高は残高試算表欄の繰越商品の金額¥326,000である。

期首商品棚卸高 ＋ 仕　入　高 － 期末商品棚卸高 ＝ 売 上 原 価
¥326,000 ＋ ¥2,700,000 － ¥224,000 ＝ ¥2,802,000

上記の計算式にもとづいて勘定記入を行えば次のとおりである。

① 期首商品棚卸高を繰越商品勘定から仕入勘定に振り替える。

(借) 仕　　入　326,000　(貸) 繰越商品　326,000

② 期末商品棚卸高を仕入勘定から繰越商品勘定に振り替える。

(借) 繰越商品　224,000　(貸) 仕　　入　224,000

繰越商品

借方	貸方
期首商品棚卸高 326,000	326,000 (①)
期末商品棚卸高 224,000 (②)	

仕入

借方	貸方
期首商品棚卸高 326,000 (①)	売上原価 2,802,000
仕入高 2,700,000	期末商品棚卸高 224,000 (②)

前ページの仕訳のとおり修正記入欄に記入する。仕入勘定の残高¥2,802,000が売上原価である。精算表では，この金額を損益計算書欄の借方に記入する。

勘定科目	残高試算表		修正記入		損益計算書	
	借方	貸方	借方	貸方	借方	貸方
繰越商品	326,000		②224,000	①326,000		
仕入	2,700,000		①326,000 (+)	②224,000 (－)	2,802,000	

(3) 受取手形と売掛金の期末残高に対して5％の貸倒引当金を設定するのであるが，受取手形も売掛金も，これまでの修正記入により変化していることに注意する。

受取手形期末残高……¥566,000－¥150,000＝¥416,000
売掛金期末残高……¥354,000＋¥150,000－¥120,000＝¥384,000
貸倒引当金設定額……(¥416,000＋¥384,000)×0.05＝¥40,000

差額を補充する方法によるのだから，貸倒引当金の設定額¥40,000から貸倒引当金残高¥36,000を差し引いた差額¥4,000を補充すればよい。

(借) 貸倒引当金繰入　4,000　(貸) 貸倒引当金　4,000

貸倒引当金

借方	貸方
	(期末残高) 36,000
	(補充額) 4,000

設定額 40,000（受取手形・売掛金の5％）

貸倒引当金繰入

借方	貸方
(繰入額) 4,000	

(4) 定額法による減価償却費は次の計算式で求める。

減価償却費……$\frac{取得原価－残存価額}{耐用年数}$

（残存価額が取得原価の10％である場合は，取得原価×0.9÷耐用年数としてもよい。）

建物の減価償却費……$\frac{¥2,000,000－¥200,000}{25年}$＝¥72,000

備品の減価償却費……$\frac{¥400,000－¥40,000}{6年}$＝¥60,000

したがって，減価償却費は¥72,000＋¥60,000＝¥132,000となる。

(借) 減価償却費　132,000　(貸) 建物減価償却累計額　72,000
　　　　　　　　　　　　　　　 備品減価償却累計額　60,000

(5) 前受額¥6,000を受取手数料勘定から前受手数料勘定に振り替える。

(借) 受取手数料　6,000　(貸) 前受手数料　6,000

勘定科目欄の（　　）手数料の（　　）に「前受」と記入する。前受手数料勘定は負債である。

(6) 給料の未払額¥50,000を計上した取引である。

（借）給　　料　50,000　（貸）未 払 給 料　50,000

未払給料勘定は負債である。

(7) 保険料の前払額￥8,000を計上した取引である。

（借）前 払 保 険 料　8,000　（貸）保　険　料　8,000

勘定科目欄の（　　）保険料の（　　）に「前払」と記入する。前払保険料勘定は資産である。

(8) 支払利息￥10,000は，すべて借入額￥1,000,000に対する当期の11月末日までの利息であり，利息の計上と支払いは処理済みである。よって，12月1日より年利率1.2%に改定となった利息を計上する。利払いは半年ごとに行うため，3月31日の決算時において未払分は12月から3月までの4か月分である。未払利息は次のように計算できる。

未払利息　$￥1,000,000 \times 1.2\%(12か月分) \times \frac{4か月}{12か月} = ￥4,000$

または　$￥1,000,000 \times 1.2\%(12か月分) \times \frac{6か月}{12か月} \times \frac{4か月}{6か月} = ￥4,000$

図に表すと以下のようになる。

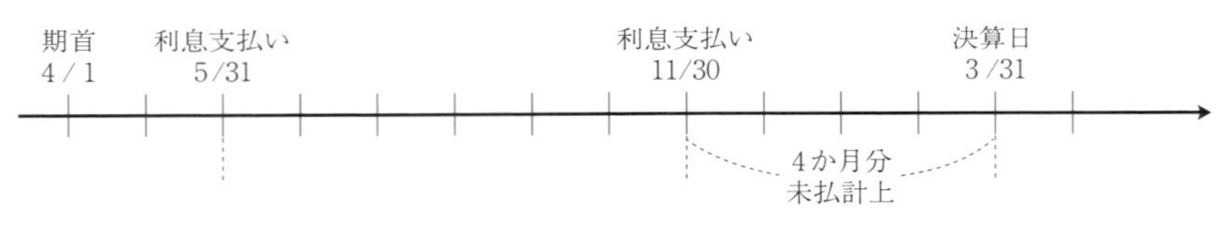

（借）支 払 利 息　4,000　（貸）未 払 利 息　4,000

未払利息勘定は負債である。

〔Ⅱ〕 損益計算書欄・貸借対照表欄の記入

残高試算表欄・修正記入欄の金額を損益計算書欄と貸借対照表欄に移す。資産・負債・純資産に属する勘定は貸借対照表欄に，費用・収益に属する勘定は損益計算書欄に移す。修正記入欄に記入がある場合は，上記に一部示したように，残高試算表欄の金額と同じ側にあるときは加算し，反対側にあるときは減算する。また，修正記入により新たに記入された科目の金額は，費用・収益に属する勘定は損益計算書欄に，資産・負債・純資産に属する勘定は貸借対照表欄に移す。すでに指摘したように，前払保険料勘定は資産であるから貸借対照表欄の借方に，前受手数料勘定・未払給料勘定・未払利息勘定は負債であるから貸方に移す。

次に，損益計算書欄の貸方合計額から借方合計額を差し引いて当期純利益を算出し，借方に記入する。勘定科目欄の当期純（　　）の（　　）に「利益」と記入する。また，貸借対照表欄の借方合計額から貸方合計額を差し引いて当期純利益を算出し，貸方に記入する。両者の当期純利益の金額が一致することを確かめる。一致しなかった場合は誤りがあることになるので注意する。

第1問（45点）

取引	借方科目	金額	貸方科目	金額
1	オ（前受金） イ（売掛金） ア（発送費）	60,000 240,000 4,000	ウ（売上） エ（現金）	300,000 4,000
2	イ（買掛金）	400,000	オ（当座預金）	400,000
3	ア（土地） オ（租税公課）	4,160,000 5,000	ウ（当座預金）	4,165,000
4	エ（貸付金）	3,000,000	ア（受取利息） イ（現金）	62,500 2,937,500
5	ウ（旅費交通費） エ（現金）	90,000 10,000	イ（仮払金）	100,000
6	エ（修繕費） ア（普通預金）	120,000 80,000	ウ（差入保証金）	200,000
7	エ（建物） オ（土地）	6,000,000 10,000,000	ア（仮払金） イ（当座預金）	1,600,000 14,400,000
8	イ（仮払金）	30,000	ウ（現金）	30,000
9	イ（売上）	130,000	ウ（売掛金）	130,000
10	ウ（普通預金大隅銀行） エ（支払手数料）	300,000 200	イ（普通預金薩摩銀行）	300,200
11	イ（所得税預り金）	20,000	ウ（普通預金）	20,000
12	ア（旅費交通費）	19,000	イ（未払金）	19,000
13	エ（受取商品券） オ（現金）	20,000 3,000	ア（売上）	23,000
14	ウ（未払法人税等）	890,000	エ（普通預金）	890,000
15	オ（未払消費税）	280,000	エ（普通預金）	280,000

仕訳1組につき3点。**合計45点。**

解　説

第1問

1．注文のあった商品を売り上げた取引である。商品を発送したので，売上勘定の貸方に￥300,000を記入し，注文を受けたときに受け取っていた手付金は前受金勘定の貸方に記入してあるので，相殺するためにその借方に￥60,000を記入する。残額は「月末に受け取ることにした」とは商品代金であるから掛けとしたという意味で，売掛金勘定の借方に￥240,000を記入する。「月末に受け取る」という表現から未収入金勘定に記入する誤りが多いので注意する。また，当店負担の送料を現金で支払っているので，現金勘定の貸方に￥4,000を記入し，発送費勘定の借方に￥4,000を記入する。

2．買掛金を支払った取引である。小切手を振り出したので，当座預金勘定の貸方に記入する。

3．土地を購入した取引である。仲介手数料・登記料は土地勘定に含める。また，印紙代は租税公課勘定の借方に記入する。

　　土地勘定に記入する金額　￥20,000×200㎡＋￥100,000＋￥60,000＝￥4,160,000

4．貸付けを行った取引である。差し引いた利息は貸付金に対する利息であるから，受取利息勘定の貸方に記入する。

$$受取利息の金額\quad ￥3,000,000\times0.05\times\frac{5か月}{12か月}=￥62,500$$

5．従業員が出張から戻り，旅費の精算をした取引である。従業員の出張費用として￥100,000を概算払いしたときに，（借）仮払金 100,000　（貸）現金 100,000 と仕訳して，仮払金勘定（資産）の借方に￥100,000を記入しておいた。それを精算した問題である。新幹線の切符代も宿泊料も旅費交通費勘定で処理する。概算払いした*￥100,000*に対して，旅費交通費として*￥90,000*かかったことになるので，差引*￥10,000*が現金で返却されたことになる。

仮払金

借方	貸方
100,000（概算払い）	100,000（精算）

旅費交通費

借方	貸方
90,000（使用額）	

現金

借方	貸方
10,000（受取額）	

6．・「契約時に支払った敷金」から差入保証金（資産）が推定できる。それが「普通預金口座に振り込まれた」ので

（貸）差入保証金　200,000

・「修繕費を差し引いた」

（借）修繕費　120,000

・「*￥80,000*が普通預金口座に振り込まれた」

（借）普通預金　80,000

7．・「建物と土地…本日その引き渡しを受けた」

（借）建物　6,000,000

（借）土地　10,000,000

・「*￥1,600,000*は…仮払金（資産）…と相殺し」

（貸）仮払金　1,600,000

・「残額は当座預金口座から振り込んだ」

（貸）当座預金　14,400,000

8．・「概算額を…渡した」

（借）仮払金　30,000

・「現金で渡した」

（貸）現金　30,000

9．・「売り上げていた商品…返品を受けた」

（借）売上　130,000

・「掛け代金から差し引く」

（貸）売掛金　130,000

10．・「薩摩銀行の普通預金口座から…大隅銀行の普通預金口座に…振り込んだ」

・薩摩銀行の普通預金が*￥300,200*（振込金額*￥300,000*＋手数料*￥200*）減少する。

（貸）普通預金薩摩銀行　300,200

・大隅銀行の普通預金が増加

（借）普通預金大隅銀行　300,000

・「手数料が…差し引かれた」

（借）支払手数料　200

※手数料を差し引かれるのは薩摩銀行の普通預金であることに注意する。

11．・「所得税の源泉徴収額」より所得税預り金（負債）が推定できる。それを納付したので

（借）所得税預り金　20,000

・「普通預金口座より納付した」

（貸）普通預金　20,000

12．・「旅費に関する領収書*￥19,000*を受け取った」

（借）旅費交通費　19,000

・「同額を…未払金勘定で処理した」

（貸）未払金　19,000

13．・「商品を売り渡し」

（貸）売上　23,000

・「商工会議所発行の商品券で受け取り」

（借）受取商品券　20,000

・「残額は現金で受け取った」

（借）現金　3,000

14．※「確定申告を行い」という文言や，領収証書の確定申告に○印があることから，×22年5月30日に法人税を納付したことがわかる。

（借）未払法人税等　890,000

・「普通預金口座から…納付し」

（貸）普通預金　890,000

※借方を法人税，住民税及び事業税としないように注意する。

15．※確定申告で消費税を納付したときは，法人税と同じように未払消費税勘定（負債）の借方記入になる。

（借）未払消費税　280,000

・「普通預金口座から…納付し」

（貸）普通預金　280,000

第2問（20点）

問 1

仮払法人税等

(11/20)［ア【普通預金】］〈 192,000 〉	(3/31)［カ【法人税等】］〈 192,000 〉
〈 192,000 〉	〈 192,000 〉

未払法人税等

(5/25)［ア【普通預金】］〈 160,000 〉	(4/1)［ク【前期繰越】］〈 160,000 〉
(3/31)［ケ【次期繰越】］〈 258,000 〉	(3/31)［カ【法人税等】］〈 258,000 〉
〈 418,000 〉	〈 418,000 〉

法人税等

(3/31)［コ【諸口】］〈 450,000 〉	(3/31)［キ【損益】］〈 450,000 〉
〈 450,000 〉	〈 450,000 〉

損益

3/31 仕入 2,000,000	3/31 売上 3,680,000
〃 その他費用 180,000	
(〃)［カ【法人税等】］〈 450,000 〉	
(〃)［エ【繰越利益剰余金】］〈 1,050,000 〉	
〈 3,680,000 〉	〈 3,680,000 〉

□ 1つにつき2点。**合計10点。**

問 2

商品有高帳

×3年		摘要	受入 数量	受入 単価	受入 金額	払出 数量	払出 単価	払出 金額	残高 数量	残高 単価	残高 金額
10	1		40	1,500	60,000				40	1,500	60,000
	12		560	1,590	890,400				600	1,584	950,400
	18					500	1,584	792,000	100	1,584	158,400
	23		400	1,544	617,600				500	1,552	776,000
	27					100	1,552	155,200	400	1,552	620,800

1つにつき2点。**合計10点。**

第2問

問 1

各取引より各勘定の記入面を完成する問題である。

5/25　（借）未払法人税等　160,000　（貸）普通預金　160,000

前期に計上していた未払法人税等を納付した取引である。

未払法人税等勘定　¥384,000－¥224,000＝¥160,000

11/20　（借）仮払法人税等　192,000　（貸）普通預金　192,000

前期の法人税等の50%分を中間納付した。

仮払法人税等勘定　¥384,000×50%＝¥192,000

3/31　（借）法人税等　450,000　（貸）仮払法人税等　192,000
　　　　　　　　　　　　　　　　　　　未払法人税等　258,000

決算に際し，税引前当期純利益に対して30%分を法人税等として計上した。

法人税等勘定　（¥3,680,000－¥2,000,000－¥180,000）×30%＝¥450,000

3/31　（借）損益　450,000　（貸）法人税等　450,000

法人税等勘定から損益勘定へ振り替える。

3/31　（借）損益　1,050,000　（貸）繰越利益剰余金　1,050,000

損益勘定から繰越利益剰余金勘定へ振り替える。

問２

10月のJ商品に関する資料にもとづいて，移動平均法により商品有高帳に記入する問題である。商品有高帳の記入については，次の点に注意する。

① 仕入・売上の日付順に商品有高帳に記入する。

② 払出欄に売価で記入する誤りが多い。商品有高帳は原価で記入するので，注意する。

③ 移動平均法では，単価の異なるものを仕入れたときは，次の計算式を用いて平均単価を求め，これを残高欄の単価とする。

$$\frac{残高欄の金額+受入欄の金額}{残高欄の数量+受入欄の数量}=平均単価$$

④ 売り上げたときは，前の行の残高欄の単価を用いて払出欄に記入する。

日付順に商品有高帳に記入していくと次のとおりとなる。

10月１日　前月繰越。数量40，単価1,500，金額*60,000*を受入欄と残高欄に記入する。

12日　仕入取引。受入欄に数量560，単価1,590，金額は560個×@￥*1,590*=￥*890,400*と記入し，残高欄に数量40個+560個=600個，金額は￥*60,000*+￥*890,400*=￥*950,400*と記入する。単価は前の行の残高欄と単価が異なるので，平均単価を求め，これを残高欄の単価とする。

$$\frac{￥60,000+￥890,400}{40個+560個}=@￥1,584$$（残高欄の単価）

18日　売上取引。単価は売価である@￥*1,800*を用いない。払出欄に数量500，単価は前の行の残高欄の単価1,584を用い，金額は500個×@￥*1,584*=￥*792,000*を記入する。残高欄は，数量600個−500個=100個，単価1,584，金額は100個×@￥*1,584*=￥*158,400*を記入する。

23日　仕入取引。受入欄に数量400，単価1,544，金額は400個×@￥*1,544*=￥*617,600*と記入し，残高欄に数量100個+400個=500個，金額は￥*158,400*+￥*617,600*=￥*776,000*と記入する。単価は前の行の残高欄と単価が異なるので，平均単価を求め，これを残高欄の単価とする。

$$\frac{￥158,400+￥617,600}{100個+400個}=@￥1,552$$（残高欄の単価）

27日　仕入戻しの取引。払出欄に数量100，単価は前の行の残高欄の単価1,552を用い，金額は100個×@￥*1,552*=￥*155,200*を記入する。残高欄は，数量500個−100個=400個，単価1,552，金額は400個×@￥*1,552*=￥*620,800*を記入する。

第３問（35点）

問１　決算整理後残高試算表

残高試算表
20×9年３月31日

借方	勘定科目	貸方
382,700	現金	
2,923,500	普通預金	
3,785,000	売掛金	
2,261,000	繰越商品	
25,000	貯蔵品	
200,000	（前払）家賃	
1,800,000	備品	
	買掛金	1,790,000
	（未払）消費税	736,400
	（未払）利息	20,000
	未払法人税等	800,000
	貸倒引当金	75,700
	借入金	2,000,000
	備品減価償却累計額	300,000
	資本金	2,000,000
	繰越利益剰余金	1,900,000
	売上	26,000,000
13,632,000	仕入	
2,400,000	支払家賃	
170,000	租税公課	
180,000	減価償却費	
74,200	貸倒引当金繰入	
20,000	支払利息	
	雑（益）	1,300
800,000	法人税等	
6,970,000	その他の費用	
35,623,400		35,623,400

問２（￥ 1,755,100 ）

［実線枠］１つにつき５点。［点線枠］１つにつき３点。**合計35点。**

第3問

問1

決算整理前残高試算表と決算整理事項等にもとづいて，決算整理後残高試算表を完成させる問題である。なお，決算日は20×9年3月31日で，会計期間は20×8年4月1日から20×9年3月31日までの1年間である。

【決算整理事項等の仕訳】

1．現金過剰の原因が不明なので雑益として処理する取引である。現金の帳簿残高は￥381,400で，手許有高は￥382,700であるので，帳簿残高が手許有高より少ないため，帳簿残高と手許有高の差額￥1,300(￥382,700－￥381,400)を現金勘定の借方に記入し，差異の原因は不明なので雑益勘定の借方に記入する。

（借）現　　金　1,300　（貸）雑　　益　1,300

2．売掛金の期末残高に対して差額補充法により2％の貸倒れを見積もる。

売掛金勘定　￥3,785,000
貸倒引当金勘定　￥1,500
貸倒引当金設定額　￥3,785,000×2％＝￥75,700
貸倒引当金繰入額　￥75,700－￥1,500＝￥74,200

貸倒引当金

（設定額）￥75,700	（期末残高）1,500 （繰入額）74,200

貸倒引当金繰入

（繰入額）74,200	

（借）貸倒引当金繰入　74,200　（貸）貸倒引当金　74,200

3．期末商品棚卸高￥2,261,000が示してあるので，売上原価を算出する処理を行う。売上原価勘定は次の計算式にもとづいて算出する。

期首商品棚卸高は決算整理前残高試算表の繰越商品の金額￥2,143,000である。

当期純仕入高は決算整理前残高試算表の仕入の金額￥13,750,000である。

期首商品棚卸高＋当期純仕入高－期末商品棚卸高＝売上原価
￥2,143,000　＋　￥13,750,000　－　￥2,261,000　＝　￥13,632,000

仕訳は次のとおりである。

① 期首商品棚卸高を繰越商品勘定から仕入勘定の借方に振り替える。

（借）仕　　入　2,143,000　（貸）繰越商品　2,143,000

② 期末商品棚卸高を仕入勘定から繰越商品勘定の借方に振り替える。

（借）繰越商品　2,261,000　（貸）仕　　入　2,261,000

繰越商品

期首商品棚卸高 2,143,000	2,143,000
期末商品棚卸高 2,261,000	

仕入

期首商品棚卸高 2,143,000	売上原価 13,632,000
当期純仕入高 13,750,000	期末商品棚卸高 2,261,000

4．定額法による減価償却費は次の計算式で求める。残存価額が0（ゼロ）であることに注意する。

$$減価償却費 \quad \frac{取得原価－残存価額}{耐用年数}$$

$$備品の減価償却費 \quad \frac{￥1,800,000－￥0}{10年}＝￥180,000$$

（借）減価償却費　180,000　（貸）備品減価償却累計額　180,000

5．収入印紙を購入したが，未使用だったため貯蔵品に振り替える取引である。収入印紙を購入したときは租税公課勘定の借方に記入している。決算において未使用分￥25,000があったため，租税公課勘定の貸方に記入し，貯蔵品勘定（資産）の借方に記入する。なお，郵便切手の未使用分も決算において通信費勘定から貯蔵品勘定に振り替える処理を行う。

（借）貯　蔵　品　25,000　（貸）租税公課　25,000

6．消費税の未払額を計上する。取引時に消費税を仕入原価や売上高に含めず，仕入時には仮払消費税勘定（資産），販売時には仮受消費税勘定（負債）に記入している。決算において仮払消費税勘定￥1,343,600と仮受消費税勘定￥2,080,000の相殺仕訳を行い，差額￥736,400（￥2,080,000－￥1,343,600）を未払消費税勘定（負債）とする。

（借）仮受消費税　2,080,000　（貸）仮払消費税　1,343,600
　　　　　　　　　　　　　　　　　　未払消費税　736,400

7．支払家賃の前払分を計上する。支払家賃￥2,600,000は13か月分であるので，前払分は1か月分である。前払家賃は次のように計算できる。

$$前払家賃 \quad ￥2,600,000×\frac{1か月}{13か月}＝￥200,000$$

（借）前払家賃　200,000　（貸）支払家賃　200,000

8．借入金￥2,000,000は12月1日に期間1年，利率年3％の条件で借り入れ，利息は返済時に一括して支払うことになっているので，3月31日の決算時において未払分は12月分から3月分までの4か月分である。未払利息は次のように計算できる。

$$未払利息 \quad ￥2,000,000×3\%×\frac{4か月}{12か月}＝￥20,000$$

図に表すと以下のようになる。

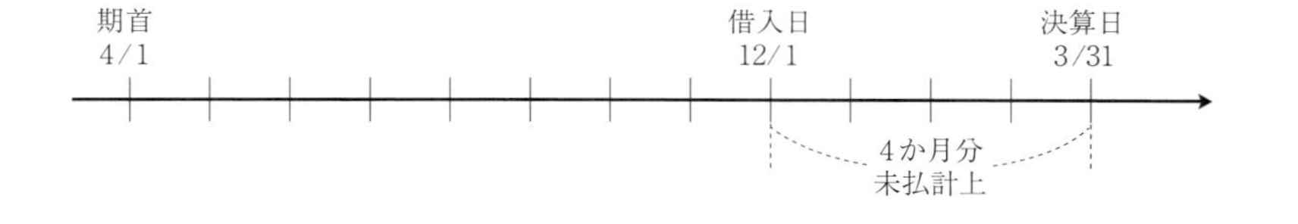

（借）支払利息　20,000　（貸）未払利息　20,000

9．法人税，住民税及び事業税を計上する。法人税等は￥800,000と計算されたので，法人税等勘定の借方に記入し，未払法人税等勘定の貸方に記入する。

（借）法人税等　800,000　（貸）未払法人税等　800,000

【決算整理後残高試算表の作成】

① 現金には手許有高￥382,700を記入する。
② 繰越商品には期末商品棚卸高￥2,261,000を記入する。
③ 貯蔵品には5．￥25,000を記入する。
④ （　　）家賃の（　　）に前払と記入し，7．￥200,000を記入する。
⑤ （　　）消費税の（　　）に未払と記入し，6．￥736,400を記入する。
⑥ （　　）利息の（　　）に未払と記入し，8．￥20,000を記入する。
⑦ 未払法人税等には9．￥800,000を記入する。
⑧ 貸倒引当金には2．で算出した￥75,700を記入する。
⑨ 備品減価償却累計額には残高￥120,000に当期の備品減価償却累計額4．￥180,000を加算した￥120,000＋￥180,000＝￥300,000を記入する。
⑩ 繰越利益剰余金には残高￥1,900,000を記入する。
⑪ 仕入には3．で算出した売上原価￥13,632,000を記入する。
⑫ 支払家賃には前払分7．￥200,000を減算した残高￥2,600,000－￥200,000＝￥2,400,000を記入する。
⑬ 租税公課には収入印紙の未使用分5．￥25,000を減算した残高￥195,000－￥25,000＝￥170,000を記入する。
⑭ 減価償却費には4．で算出した￥180,000を記入する。
⑮ 貸倒引当金繰入には2．で算出した￥74,200を記入する。
⑯ 支払利息には未払分8．￥20,000を記入する。
⑰ 雑（　　）の（　　）に益と記入し，1．￥1,300を記入する。
⑱ 法人税等には9．￥800,000を記入する。

問2　当期純利益または当期純損失の金額

当期純利益または当期純損失は，「収益－費用＝当期純利益（マイナスの場合は当期純損失）」で算出できる。本問の場合，問1で完成させた決算整理後残高試算表の売上勘定からその他の費用勘定を計算すればよい。

収益勘定は売上と雑益なので，収益は￥26,000,000＋￥1,300＝￥26,001,300となる。

費用勘定は仕入から支払利息と，法人税等とその他の費用なので，費用は￥13,632,000＋￥2,400,000＋￥170,000＋￥180,000＋￥74,200＋￥20,000＋￥800,000＋￥6,970,000＝￥24,246,200となる。

当期純利益または当期純損失は，￥26,001,300－￥24,246,200＝￥1,755,100で，プラスなので当期純利益￥1,755,100となる。

第1問（45点）

取引	借方科目	金額	貸方科目	金額
1	オ（当座預金）	*280,000*	カ（売掛金）	*280,000*
2	ア（仕入）	*55,000*	オ（買掛金）	*55,000*
3	カ（買掛金）	*310,000*	ウ（普通預金）	*310,000*
4	ア（クレジット売掛金） イ（支払手数料）	*96,000* *4,000*	オ（売上）	*100,000*
5	エ（買掛金）	*310,000*	ア（電子記録債務）	*310,000*
6	カ（当座預金） オ（支払利息）	*3,483,200* *16,800*	ア（借入金）	*3,500,000*
7	ア（従業員立替金）	*10,000*	ウ（現金）	*10,000*
8	ウ（仕入）	*203,500*	イ（前払金） オ（買掛金） カ（現金）	*50,000* *150,000* *3,500*
9	オ（備品）	*152,000*	ア（未払金）	*152,000*
10	ア（受取商品券） ウ（現金）	*20,000* *2,000*	エ（売上）	*22,000*
11	ウ（損益）	*900,000*	オ（繰越利益剰余金）	*900,000*
12	エ（未払法人税等）	*740,000*	イ（当座預金）	*740,000*
13	カ（売掛金）	*143,000*	オ（売上） エ（仮受消費税）	*130,000* *13,000*
14	ウ（現金）	*50,000*	エ（償却債権取立益）	*50,000*
15	イ（売掛金）	*200,000*	ウ（売上）	*200,000*

仕訳1組につき3点。**合計45点。**

解　説

第1問

1．・「当店振出しの小切手で受け取った」
　（借）当座預金　*280,000*
・「売掛金…受け取った」
　（貸）売掛金　*280,000*
※「他店振出しの小切手」を受け取ったときは現金の増加である。「当店振出しの小切手」との違いを理解しておく。

2．・「商品を仕入れ」
　（借）仕入　*55,000*
・「代金は掛けとした」
　（貸）買掛金　*55,000*

3．・「買掛金が…決済された」
　（借）買掛金　*310,000*
※買掛金が決済されたということは，買掛金（負債）が減少したということである。
・「普通預金口座から決済された」
　（貸）普通預金　*310,000*

4．・「商品をクレジット払いで売り渡した」
　（借）クレジット売掛金　*96,000*
※クレジット売掛金の金額は，売上代金から手数料を差し引いた金額である。
・「クレジット会社への手数料」　売上￥*100,000*×手数料4％＝￥*4,000*

（借） 支払手数料 4,000

・「商品を…売り渡した」

（貸） 売上 100,000

5．※「買掛金について，電子記録債務の発生記録を請求した」とき，買掛金勘定から電子記録債務勘定へ振り替える。

（借） 買掛金 310,000 （貸） 電子記録債務 310,000

電子記録債務(負債)：貸方 310,000 ←振替（発生記録の請求）← 買掛金：借方 310,000／貸方 310,000

6．・「銀行から…借り入れ」

（貸） 借入金 3,500,000

・「利息を差し引いた」

（借） 支払利息 16,800

※借り入れたときの利息であるから，支払利息となる。

支払利息 ￥3,500,000×0.012×146日／365日

・「当座預金に振り込まれた」

（借） 当座預金 3,483,200

7．・「従業員のために…立て替えて支払った」

（借） 従業員立替金 10,000

※従業員立替金は資産である。

8．「注文時に支払った手付金と相殺し」

（貸） 前払金 50,000

※注文時に支払った手付金は，前払金（資産）のことである。

・この前払金と相殺するので，前払金の減少になる。

・「残額は月末に支払う」

（貸） 買掛金 150,000

・「当社負担の引取運賃は現金で支払った」

（借） 仕入 203,500

※引取運賃は仕入原価に含めるので，引取運賃は仕入に加算する。

9．・「事務用のパソコンを購入し」

（借） 備品 152,000

※パソコンの購入にあたり発生する諸費用は備品の取得原価に含めるので，発送運賃は備品に加算する。

・「代金は…来月末に支払うことにした」

（貸） 未払金 152,000

※パソコンは商品ではないので，買掛金としない。

10．・「共通商品券で受け取り」

（借） 受取商品券 20,000

※受取商品券は資産である。

11．・「当期純利益を計上した」

（借） 損益 900,000 （貸） 繰越利益剰余金 900,000

・決算において，当期純損益は損益勘定から繰越利益剰余金勘定に振り替える。

・当期純利益が￥900,000というのは，損益勘定の残高が貸方に￥900,000であるということである。

・したがって，「当期純利益を計上した」ときは次のようになる。

繰越利益剰余金(資本)：貸方 900,000 ←振替← 損益：借方 費用／900,000，貸方 収益

12．・「未払法人税等を……納付した」

（借） 未払法人税等 740,000

※未払法人税等勘定は負債であるから，納付したときは借方記入となる。

13．・「消費税を含め」

（貸） 仮受消費税 13,000

※売ったときは受け取る（仮受消費税）と覚えるとよい。

・仮受消費税は負債であるから貸方記入となる。

14．・「前期に貸倒れとして処理した売掛金…を回収した」

（貸） 償却債権取立益 50,000

※「前期に貸倒れとして処理した」がキーワードである。

15．・取引を仕訳すると次のようになる。

（借） 現金 80,000 （貸） 売上 200,000
売掛金 120,000

・入金伝票を仕訳になおすと次のようになる。

（借） 現金 80,000 （貸） 売掛金 80,000

・以上から，伝票記入にあたり，いったん全額を掛け取引にする方法によっていることがわかる。

・振替伝票の記入

（借） 売掛金 200,000 （貸） 売上 200,000

第2問（20点）

問1

損　益

日付	借方	金額	日付	貸方	金額
3/31	仕入	7,330,000	3/31	売上	11,250,000
〃	給料	1,800,000	〃	受取地代	600,000
〃	減価償却費	465,000			
〃	その他費用	255,000			
〃	コ（法人税等）	（600,000）			
〃	ケ（繰越利益剰余金）	（1,400,000）			
		（11,850,000）			（11,850,000）

繰越利益剰余金

日付	借方	金額	日付	貸方	金額
6/25	未払配当金	（100,000）	4/1	前期繰越	3,640,000
〃	ク（利益準備金）	（10,000）	3/31	ウ（損益）	（1,400,000）
3/31	イ（次期繰越）	（4,930,000）			
		（5,040,000）			（5,040,000）

仮払法人税等

日付	借方	金額	日付	貸方	金額
11/30	当座預金	280,000	3/31	コ（法人税等）	（280,000）

□ 1つにつき2点。**合計10点。**

問2

A	B	C	D	E
ウ(現金)	エ(普通預金)	イ(次月繰越)	オ(仕入)	ア(前月繰越)
①	②	③	④	⑤
5,000	462,500	209,000	48,000	5,000

1つにつき1点。**合計10点。**

第2問

問1

［解答の手順］

1．日付順に取引の仕訳を行う。

×3年 6月25日（借）繰越利益剰余金 110,000　（貸）未払配当金 100,000
　　　　　　　　　　　　　　　　　　　　　　　　　利益準備金 10,000

6月28日（借）未払配当金 100,000　（貸）普通預金 100,000

・繰越利益剰余金を転記する。

×4年 3月31日

・法人税等の計上（決算整理仕訳）

①法人税等を控除する前の利益を損益勘定から求める。

収益総額￥11,850,000－費用総額￥9,850,000＝税引前利益￥2,000,000

②法人税等

￥2,000,000×30%＝￥600,000

③仕訳

（借）法人税等 600,000　（貸）仮払法人税等 280,000
　　　　　　　　　　　　　　　未払法人税等 320,000

※仮払法人税等の￥280,000は仮払法人税等勘定の借方の￥280,000である。

・法人税等￥600,000を，損益勘定の借方に記入する。

・損益勘定の残高（当期純利益）を繰越利益剰余金勘定へ振り替える。

（借）損益 1,400,000　（貸）繰越利益剰余金 1,400,000

・該当する勘定へ転記する。

2．すべての勘定を締め切る。

・繰越利益剰余金は資本の勘定であるから，次期繰越記入をする。

問 2

11月中の買掛金に関する取引の勘定記録より，買掛金勘定と人名勘定の記入面を完成する問題である。日付ごとに仕訳を示すと次のとおりである。

11/1は前月繰越で，四国会社勘定の貸方の（　）に「前月繰越」，九州会社勘定の貸方の（E）に「前月繰越」と，（　）に¥60,000（買掛金勘定11/1 *¥165,000*－四国会社勘定11/1 *¥105,000*）が入る。

11/8　掛仕入の取引である。

（借）仕　　入　*209,000*　（貸）買掛金(九州会社)　*209,000*

11/9　掛返品の取引である。

（借）買掛金(九州会社)　*5,000*　（貸）仕　　入　*5,000*

11/15　買掛金を現金で支払った取引である。

（借）買掛金(九州会社)　*165,000*　（貸）現　　金　*165,000*

11/21　掛仕入の取引である。

（借）仕　　入　*410,000*　（貸）買掛金(四国会社)　*410,000*

11/22　掛返品の取引である。

（借）買掛金(四国会社)　*4,500*　（貸）仕　　入　*4,500*

11/25　買掛金を普通預金払いした取引である。

（借）買掛金(四国会社)　*462,500*　（貸）普通預金　*462,500*

11/30は次月繰越で，買掛金勘定の借方（C）に「次月繰越」，四国会社勘定の借方の（　）に「次月繰越」と，(④) に *¥48,000*（買掛金勘定11/30 *¥147,000*－九州会社勘定11/30 *¥99,000*），九州会社勘定の借方の（　）に「次月繰越」が入る。

第3問（35点）

貸借対照表

×4年3月31日　（単位：円）

資産			負債・純資産	
現金		248,700	買掛金	504,000
普通預金		673,000	(未払)消費税	(301,500)
売掛金	(610,000)		未払法人税等	(130,000)
貸倒引当金	(△ 6,100)	(603,900)	(未払)費用	(8,000)
商品		(340,000)	借入金	1,200,000
(前払)費用		(21,000)	預り金	14,400
建物	(1,758,000)		資本金	2,350,000
減価償却累計額	(△ 351,600)	(1,406,400)	繰越利益剰余金	(661,100)
備品	(480,000)			
減価償却累計額	(△ 204,000)	(276,000)		
土地		1,600,000		
		(5,169,000)		(5,169,000)

損益計算書

×3年4月1日から×4年3月31日まで　（単位：円）

費用		収益	
売上原価	(5,112,000)	売上高	8,115,000
給料	1,760,000		
法定福利費	(168,000)		
支払手数料	48,000		
租税公課	120,000		
貸倒引当金繰入	(3,700)		
減価償却費	(232,600)		
支払利息	(36,000)		
固定資産(売却損)	(50,000)		
その他費用	200,000		
法人税等	(130,000)		
当期純利益	(254,700)		
	8,115,000		8,115,000

（実線枠）1つにつき5点。（破線枠）1つにつき3点。**合計35点。**

第３問

次の手順で解答する。

１．決算整理仕訳等

(1)　車両運搬具の売却に関する仕訳の修正

	借方	金額		貸方	金額
（借）	仮受金	220,000	（貸）	車両運搬具	540,000
	車両運搬具減価償却累計額	180,000			
	減価償却費	90,000			
	固定資産売却損	50,000			

※POINT　当期分の減価償却費（¥540,000÷６年＝¥90,000）を計上すること。

(2)　貸倒引当金の計上

	借方	金額		貸方	金額
（借）	貸倒引当金繰入	3,700	（貸）	貸倒引当金	3,700

※¥610,000×１％－¥2,400＝¥3,700

(3)　売上原価の計算

	借方	金額		貸方	金額
（借）	仕入	352,000	（貸）	繰越商品	352,000…①
（借）	繰越商品	340,000	（貸）	仕入	340,000…②

※①は期首商品棚卸高，つまり決算整理前残高試算表の繰越商品である。
　②は期末商品棚卸高である。決算整理事項等３.に指示されている。

(4)　減価償却費の計上

	借方	金額		貸方	金額
（借）	減価償却費	142,600	（貸）	建物減価償却累計額	58,600
				備品減価償却累計額	84,000

※建物　¥1,758,000÷30年＝¥58,600
　備品　旧備品　（¥480,000－¥180,000）÷５年＝¥60,000
　　　　８月１日購入分　¥180,000÷５年×８か月（８月～３月）／12か月＝¥24,000

(5)　消費税の整理

	借方	金額		貸方	金額
（借）	仮受消費税	811,500	（貸）	仮払消費税	510,000
				未払消費税	301,500

※決算整理前残高試算表の「仮払消費税510,000」と「仮受消費税811,500」を相殺し，差額を未払消費税（負債）として計上する。

(6)　未払費用の計上

	借方	金額		貸方	金額
（借）	法定福利費	8,000	（貸）	未払法定福利費	8,000

※社会保険料については，従業員が負担する部分と企業が負担する部分とがあり，企業が負担する部分は法定福利費勘定（費用）で処理する。

※POINT　未払金でなく未払法定福利費勘定（負債）で処理する。

(7)　前払費用の計上

	借方	金額		貸方	金額
（借）	前払利息	21,000	（貸）	支払利息	21,000

※借入時に支払った支払利息¥36,000のうち，次期の分（次期の４月～10月末までの７か月分を前払利息勘定（資産）で処理する。

※前払利息　¥1,200,000×３％×７か月／12か月＝¥21,000

(8)　未払法人税等の計上

	借方	金額		貸方	金額
（借）	法人税等	130,000	（貸）	未払法人税等	130,000

２．貸借対照表および損益計算書の作成

・貸借対照表の作成

①貸倒引当金や減価償却累計額は，それぞれの資産（本問では売掛金，建物，備品）から控除する形式で表示する。

②繰越商品は「商品」として表示する。

③前払利息は「前払費用」，未払法定福利費は「未払費用」として表示する。

④繰越利益剰余金は次のように求める。なお，貸借の差額として求めてもよい。

¥661,100	＝	¥406,400	＋	¥254,700
繰越利益剰余金	＝	決算整理前残高試算表 繰越利益剰余金	＋	損益計算書 当期純利益

・損益計算書の作成

①売上勘定は「売上高」として表示する。

②仕入勘定は「売上原価」として表示する。

③当期純損益の計算

収益総額（貸方合計）から費用総額（借方合計）を差し引いた残額が

・プラス　…　当期純利益と差額を借方に記入する。

・マイナス　…　当期純損失と差額を貸方に記入する。

解　答

第１問（45点）

取引	借方科目	金額	貸方科目	金額
1	カ(現金過不足)	1,000	エ(受取手数料)	1,000
2	ア(現金)	50,000	ウ(普通預金)	50,000
3	イ(売掛金) オ(発送費)	153,000 2,500	カ(売上) ア(現金)	153,000 2,500
4	オ(電子記録債務)	240,000	ア(当座預金)	240,000
5	ア(現金)	1,000,000	カ(役員借入金)	1,000,000
6	イ(普通預金)	1,007,500	ウ(貸付金) カ(受取利息)	1,000,000 7,500
7	エ(社会保険料預り金) オ(法定福利費)	27,000 27,000	イ(普通預金)	54,000
8	イ(差入保証金) カ(支払手数料) オ(支払家賃)	200,000 100,000 200,000	ア(普通預金)	500,000
9	オ(仮受金)	220,000	イ(売掛金)	220,000
10	カ(修繕費) イ(建物)	360,000 1,200,000	ア(普通預金)	1,560,000
11	ウ(仮払法人税等)	660,000	イ(当座預金)	660,000
12	オ(租税公課) ウ(通信費)	1,000 840	ア(貯蔵品)	1,840
13	ウ(貸倒損失)	75,000	ア(売掛金)	75,000
14	イ(クレジット売掛金) カ(支払手数料)	147,000 7,000	オ(売上) エ(仮受消費税)	140,000 14,000
15	オ(仕入)	50,000	ウ(買掛金)	50,000

仕訳１組につき３点。**合計45点。**

解　説

第１問

1．・「現金の実際有高が帳簿残高より多かったので，現金過不足勘定で処理しておいた…判明した」

※・現金過剰（実際有高＞帳簿残高）のときは，現金過不足勘定の貸方に記入する。

・その原因が判明したので現金過不足勘定の借方に記入する。

（借）現金過不足　1,000

・「受取手数料￥6,200…￥5,200と記帳している」より受取手数料を追加記帳する。

（貸）受取手数料　1,000

2．・「現金を引き出した」

（借）現　　金　50,000

※現金を引き出したので，企業にとっては現金が増える。

・「普通預金口座より…引き出した」

（貸）普通預金　50,000

3．・「商品を売り渡し」

（貸）売　　上　153,000

・「代金は掛けとした」

（借）売掛金　153,000

※売ったときの「掛け」だから売掛金（資産）である。

・発送運賃については，当社負担とあるので，発送費勘定（費用）で処理する。

（借）発送費 *2,500*

4．・「電子記録債務…決済された」

（借）電子記録債務 *240,000*

※発生記録の請求を受けたとき電子記録債務勘定（負債）の貸方に記入するので，決済されたときは借方記入となる。

・「当座預金口座から決済された」

（貸）当座預金 *240,000*

5．・「役員のA氏から…現金を借り入れ，借用証書を差し入れた」

（貸）役員借入金 *1,000,000*

※役員から借り入れたときは，一般の借入れと区別して役員借入金勘定（負債）を用いる。

6．・「貸付金が満期日になった」

（貸）貸付金 *1,000,000*

・「元利合計が…振り込まれた」

（貸）受取利息 *7,500*

※元利合計とは元金（¥*1,000,000*）と利息のことである。本問は貸付金の問題であるから，利息は受取利息である。

・「普通預金口座に振り込まれた」

（借）普通預金 *1,007,500*

7．・従業員から預かった健康保険料と厚生年金保険料は，社会保険料預り金勘定の貸方に記録されている。したがって，これらを納付したときは借方に記入する。

（借）社会保険料預り金 *27,000*

・上記，社会保険料の会社負担額は法定福利費勘定（費用）で処理するので，納付したときは同勘定の借方に記入する。

（借）法定福利費 *27,000*

・「普通預金口座より納付した」

（貸）普通預金 *54,000*

8．・敷金は差入保証金勘定（資産）で処理する。

（借）差入保証金 *200,000*

・手数料は支払手数料勘定（費用）で処理する。

（借）支払手数料 *100,000*

・家賃は支払家賃勘定（費用）で処理する。

（借）支払家賃 *200,000*

9．・「内容不明の振込額は…わかった」

（借）仮受金 *220,000*

※内容不明の振込額があったとき仮受金勘定（負債）で記録しているので，その原因がわかったときは同勘定の借方に記入する。

・「売掛金の回収であることがわかった」

（貸）売掛金 *220,000*

10．・「支出額のうち…はもとの状態を維持するための支出であり」

（借）修繕費 *360,000*

・「残額は店舗の価値を高めるための支出である」

（借）建物 *1,200,000*

※固定資産の支出のうち，収益的支出は修繕費勘定（費用）で処理し，資本的支出は固定資産をあらわす勘定（本問では建物（資産））で処理する。

11．・「法人税等の中間申告を行い…納付した」

（借）仮払法人税等 *660,000*

※仮払法人税等勘定は資産の勘定である。

12．※前期末に振り替えたときの仕訳は次のとおりである。

（借）貯蔵品	*1,840*	（貸）租税公課	*1,000*
		通信費	*840*

・「適切な勘定に振り戻した」

（借）租税公課	*1,000*	（貸）貯蔵品	*1,840*
通信費	*840*		

※「振り戻した」は，再振替仕訳をしたということである。

13．・「当期に発生した売掛金が回収不能となった」

（借）貸倒損失 *75,000*

※「当期に発生した」がキーワードである。

・「売掛金が回収不能となった」

（貸）売掛金 *75,000*

14．・「1日分の売上の仕訳を行う」

（貸）売上 *140,000*

・「消費税は税抜方式により処理する」

（貸）仮受消費税 *14,000*

・「売上はすべてクレジットによる」

（借）クレジット売掛金 *147,000*

※金額は手数料（販売代価¥*140,000*×5％＝¥*7,000*）を差し引いて求める。

・「手数料も計上する」

（借）支払手数料 *7,000*

15．・取引を仕訳すると次のようになる。

（借）仕入	*60,000*	（貸）現金	*10,000*
		買掛金	*50,000*

・出金伝票を仕訳になおすと次のようになる。

（借）仕入	*10,000*	（貸）現金	*10,000*

・以上から，伝票記入にあたり，取引を分解して記入する方法によっていることがわかる。

・振替伝票の記入

（借）仕入	*50,000*	（貸）買掛金	*50,000*

第2問（20点）

問1

備　品

4/1	前期繰越	(450,000)	(8/31)	コ(諸口)	(180,000)
(9/1)	普通預金	(150,000)	(3/31)	イ(次期繰越)	(420,000)
		(600,000)			(600,000)

備品減価償却累計額

(8/31)	オ(備品)	(108,000)	4/1	前期繰越	(333,000)
(3/31)	イ(次期繰越)	(287,499)	(3/31)	キ(減価償却費)	(62,499)
		(395,499)			(395,499)

固定資産売却損

(8/31)	オ(備品)	(22,000)	(3/31)	ウ(損益)	(22,000)

□ 1つにつき2点。**合計10点**。

問2

A	B	①	②	③
ク(損益)	イ(次期繰越)	24,000	68,000	20,000

1つにつき2点。**合計10点**。

第2問

問1

［解答の手順］

1．資料Ⅱを参考に期首の減価償却累計額，および当期減価償却費を計算する。

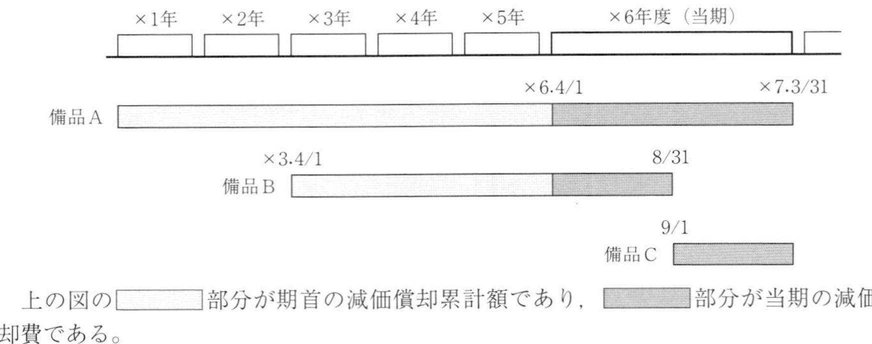

上の図の□部分が期首の減価償却累計額であり，■部分が当期の減価償却費である。

期首減価償却累計額

備品A　¥270,000÷6年×5回（行われた決算の回数）＝¥225,000

備品B　¥180,000÷5年×3回（行われた決算の回数）＝¥108,000

備品C　期首までに決算が一度も行われていないのでゼロ

当期減価償却費

備品A　¥270,000÷6年－¥1＝¥44,999

※¥270,000÷6年＝¥45,000となるが，「帳簿価額が1円になるように減価償却を行う」とあるので，1円を差し引いた¥44,999が当期の減価償却費となる。

備品B　¥180,000÷5年×5か月／12か月＝¥15,000（4月から8月末までの5か月分）

備品C　¥150,000÷5年×7か月／12か月＝¥17,500（9月から3月末までの7か月分）

2．資料Ⅱの2．3．，決算日における決算整理仕訳および決算振替仕訳を行う。

資料Ⅱ，2．×6.8/31　（借）備品減価償却累計額　108,000　（貸）備品　180,000
　減価償却費　15,000
　現金　35,000
　固定資産売却損　22,000

※固定資産を売却した仕訳である。備品勘定の金額は固定資産台帳の取得原価，備品減価償却累計額の金額は，固定資産台帳の期首減価償却累計額である。当期の減価償却費の仕訳を忘れないこと。

資料Ⅱ，2．×6.9/1　（借）備品　150,000　（貸）普通預金　150,000

※貸方の勘定科目は解答用紙の備品勘定から推定できる。

決算整理仕訳（減価償却費の計上）

×7.3/31　（借）減価償却費　62,499　（貸）備品減価償却累計額　62,499

※減価償却費　備品Aおよび備品Cの当期減価償却費の合計額である。

備品Bの当期減価償却費を加算しないよう注意する。当期に発生した減価償却費は売却の時点で計上済みである。

3．勘定口座の空欄を埋める。

① 前期繰越額の記入

備品勘定　備品Aおよび備品Bの取得原価の合計額である。

¥270,000＋¥180,000＝¥450,000

備品減価償却累計額　備品Aおよび備品Bの期首減価償却累計額の合計額である。

¥225,000＋¥108,000＝¥333,000

② 上記仕訳を転記する。

③ 決算振替仕訳を行い各帳簿を締め切る。

×7.3/31　（借）損益　22,000　（貸）固定資産売却損　22,000

問2

各取引より支払利息勘定と未払利息勘定の記入面を完成する問題である。

日付	借方科目	金額	貸方科目	金額
4/1	（借）当座預金	2,400,000	（貸）借入金	2,400,000
9/30	（借）支払利息	24,000	（貸）普通預金	24,000

支払利息　$¥2,400,000 \times 2\% \times \frac{6か月}{12か月} = ¥24,000$

日付	借方科目	金額	貸方科目	金額
12/1	（借）当座預金	4,000,000	（貸）借入金	4,000,000
3/31	（借）支払利息	24,000	（貸）普通預金	24,000
〃	（借）支払利息	20,000	（貸）未払利息	20,000

期首 4/1　借入日 12/1　決算日 3/31　元利返済 11/31

4か月分 未払計上

未払利息　$¥4,000,000 \times 1.5\% \times \frac{4か月}{12か月} = ¥20,000$

3/31　（借）損益　68,000　（貸）支払利息　68,000

支払利息勘定の残高¥68,000を損益勘定に振り替える。

第3問（35点）

貸借対照表

×4年3月31日　（単位：円）

資産			負債・純資産	
現金		（222,000）	買掛金	1,480,000
普通預金		（948,800）	（未払）消費税	（357,000）
受取手形	350,000		未払法人税等	（380,000）
売掛金	（1,220,000）		（未払）費用	（24,300）
貸倒引当金	（△ 31,400）	（1,538,600）	所得税預り金	（13,000）
商品		（340,000）	資本金	8,000,000
貸付金		500,000	繰越利益剰余金	（1,558,400）
（未収）収益		（10,000）		
貯蔵品		（3,500）		
建物	（5,500,000）			
減価償却累計額	（△ 825,000）	（4,675,000）		
備品	（776,000）			
減価償却累計額	（△ 501,200）	（274,800）		
土地		3,300,000		
		（11,812,700）		（11,812,700）

損益計算書

×3年4月1日から×4年3月31日まで　（単位：円）

費用		収益	
売上原価	（5,341,000）	売上高	8,920,000
給料	（1,774,300）	（受取利息）	（10,000）
水道光熱費	263,000	雑益	（2,000）
通信費	（46,500）		
租税公課	（83,000）		
消耗品費	2,200		
貸倒引当金繰入	（27,000）		
減価償却費	（294,200）		
法人税等	（380,000）		
当期純利益	（720,800）		
	（8,932,000）		（8,932,000）

□ 1つにつき5点。［点線枠］1つにつき3点。**合計35点。**

第3問

決算整理仕訳

1．仮払金の整理

（借）	備品	156,000	（貸）	仮払金	156,000

2．売掛金の回収が未記帳

（借）	普通預金	80,000	（貸）	売掛金	80,000

3．現金過不足の処理

（借）	現金	2,000	（貸）	雑益	2,000

4．売上原価の計算

（借）	仕入	331,000	（貸）	繰越商品	331,000
（借）	繰越商品	340,000	（貸）	仕入	340,000

5．貸倒れの見積もり

（借）	貸倒引当金繰入	27,000	（貸）	貸倒引当金	27,000

※受取手形￥350,000　売掛金￥1,220,000（￥1,300,000－￥80,000）

貸倒引当金繰入　（￥350,000＋￥1,220,000）×２％－￥4,400＝￥27,000

6．有形固定資産の減価償却

（借）	減価償却費	294,200	（貸）	建物減価償却累計額	165,000
				備品減価償却累計額	129,200

※減価償却費の計算

建物　￥5,500,000×0.9÷30年＝￥165,000

備品　旧備品　￥620,000÷５年＝￥124,000

２月１日購入備品　￥156,000÷５年×２か月／12か月＝￥5,200

7．消費税の整理

（借）	仮受消費税	892,000	（貸）	仮払消費税	535,000
				未払消費税	357,000

8．未収利息の計上

（借）	未収利息	10,000	（貸）	受取利息	10,000

※未収利息の計算

￥500,000×３％×８か月（８月～３月）／12か月＝￥10,000

9．未払給料の計上

（借）	給料	24,300	（貸）	未払給料	24,300

10．貯蔵品勘定への振替

（借）	貯蔵品	3,500	（貸）	通信費	500
				租税公課	3,000

11．法人税等の計上

（借）	法人税等	380,000	（貸）	未払法人税等	380,000

2．貸借対照表および損益計算書の作成

・貸借対照表の作成

①貸倒引当金や減価償却累計額は，それぞれの資産から控除する形式で表示するが，本問は受取手形・売掛金に対して一括して控除する形式であるので注意する。

※貸借対照表の貸倒引当金について，決算整理仕訳の￥27,000を記載しないよう注意する。

②繰越商品勘定は「商品」として表示する。

③未収利息は「未収収益」（資産）として表示する。

④未払給料は「未払費用」（負債）として表示する。

⑤貯蔵品は資産の勘定である。

⑥繰越利益剰余金は次のように求める。なお，貸借の差額として求めてもよい。

￥1,558,400	＝	￥837,600	＋	￥720,800
繰越利益剰余金	＝	決算整理前残高試算表 繰越利益剰余金	＋	損益計算書 当期純利益

・損益計算書の作成

①売上勘定は「売上高」として表示する。

②仕入勘定は「売上原価」として表示する。

③当期純損益の計算

収益総額（貸方合計）から費用総額（借方合計）を差し引いた残額が

・プラス　…　当期純利益と差額を借方に記入する。

・マイナス　…　当期純損失と差額を貸方に記入する。

24 (4)